紫韻雅集

明清紫砂赏鉴

王云涛 著

中国友谊出版公司

御製

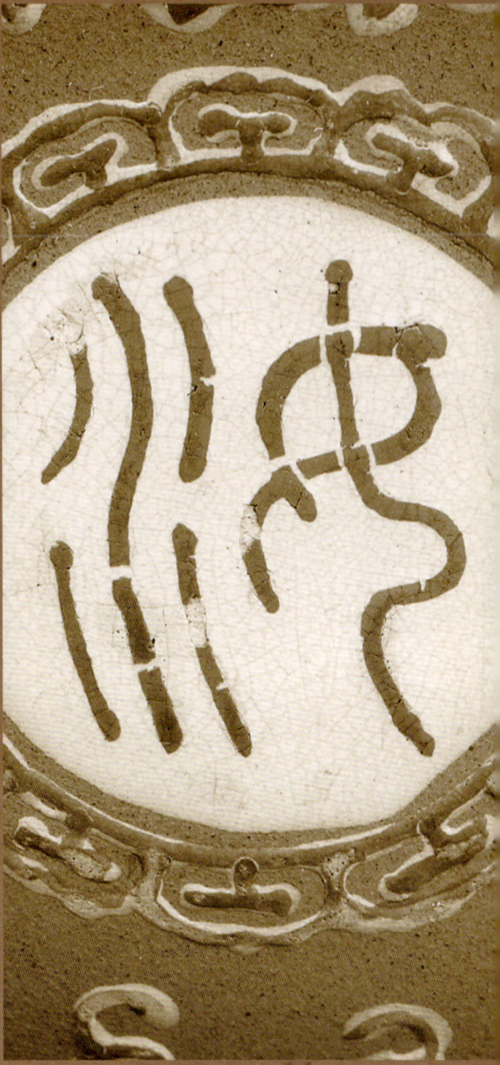

目　录

序言

一生，总有些收藏。

狭义的收藏大都是具象之物，古董、器物、书籍、字画之属；广义的收藏则包含了抽象的亲情、爱情、友情、回忆等等；几乎所有有形无形的、可宝可惜的、可感可叹的，通通都是收藏的对象。于是，浮现一个“收藏”的关键词——“情”！

器物本无情，无感无乐，无悲无喜，看尽兴亡事，不论是非心，人们于是用了一个无生命的“它”或“it”来称呼。然而器物又实则是一面镜子，它的无语总能反射出收藏者的情愫，你越爱它，它就似乎越爱你，“我见青山多妩媚，料青山见我应如是。”于是乎，器本无情亦有情，升华为受人宝爱的“她”。

诚然，古物收藏需要投入一定的时间和金钱，但一位收藏家的成果丰硕与否，却与财力无必然关系，美国著名金融学家约翰马吉（John Magee）曾说：“金钱不能代表一切。能够代表一切的，或者说几乎能够代表一切的，是人们自我实现的需要。”被誉为“人本主义心理学之父”的马斯洛（Abraham Maslow）更认为即使人类的物质需求都获得满足了，仍然会产生新的不满足，这就是对于“求知”和“求美”的需求。当然，对于“知”、“美”的追求是不会有止境的，而古物收藏恰恰满足了这种深层的“心理需求”与更高层次的“精神需求”。

既然是古物收藏，必然会面对“真伪”的问题。理论上，“真伪”应该就像“是非黑白”一样，泾渭分明，含糊不得。然而当我们对一件器物产生情感之后，价值判断的天平就由“理性”的这端慢慢游移到“感性”的那端。爱物之情往往是没缘由的，也或者是盲目的，这从来都是一道“选择题”，不是“是非题”。

这种“欲令智昏”的情况，在兼具“器用”功能的文物，诸如紫砂壶上面特别明显。曾经看过一段文字：“在收藏的茶具中，有一把从陕西农家淘来的石榴树蛙壶是我的最爱。……主人只知道是他爷爷的爷爷留下来的，至今已有百年的历史了。”用此壶泡上西湖龙井“汤色清洌，幽香四溢。细饮慢啜，甘香而不洌，淡然似无味，稍后，又觉有一种太和之气，此无味之味，乃至大味也。……朋友们无不惊叹壶的精美、茶水的纯正，纷纷称赞我的眼光独特、收藏有道，看着朋友们羡慕的眼光，我的心里乐开了花。”我想，对于紫砂史稍有认识的人都知道，石榴树蛙壶是蒋蓉大师创制于1990年代，作者淘来的壶显然并非旧物，甚至可能是赝品，但是此壶带给新主人的饮茶乐趣与广获赞誉所满足的“心理需求”却是千真万确的，旁人更是无从置喙，因为“子非我，安知我不知鱼之乐？”

虽说玩藏之乐在于人与器的互动感应，而不是在于价格的高低贵贱，甚至不在于真伪。然而，在古物收藏的天平上，毕竟还是要从“理性”这一端出发的，《周易》曰：“君子慎始，差若毫厘，缪以千里。”因此，对于收藏领域的专业知识一定要时时充实，吸收新知，才能建立自己的专业知识体系，也才能体会到收藏的真正乐趣！若是凡事但求“随缘”，不求甚解，生冷不忌；或是顽固不化，“一心以为有鸿鹄将至”，那充其量就只是一个敝帚自珍的器物保存者罢了。

谈到近代的紫砂收藏，两岸三地不乏收藏数百逾千的紫砂大藏家，香港茶具文物馆的罗桂祥先生，便是人尽皆知的收藏耆宿。而在紫砂最炽热的台湾，更拥有数量惊人的收藏家，许多博物馆级的紫砂佳器都隐身在他们的保险库、陈列室当中。就现实面而言，这些收藏家不但为紫砂市场挹注了丰富的资金，更重要的是透过他们完善的典藏环境，完整保存了多少紫砂精品，维护了这些属于世世代代中华民族的文化资产。

进入二十一世纪后，文物收藏进入一个全新的阶段，随着拍卖市场渐趋成熟，加上网络环境带来的便利，信息流、文物流急速涌动，只要有心、勤快、认真再加上花在刀口上的财力，成为“收藏家”不再是梦想，不必是豪商巨贾，也可以斐然成家。

从云涛兄琳琅满目的紫砂藏品中，我们恰恰可以验证前述的收藏新貌，翻开这本《紫韵雅集》，尽管器物并不尽然“精稀”，更不尽然“全品”，但完全让人感受到她们的主人已然充分享受到收藏的真趣，这个“真趣”并不是指“所有权”、也不是“增值率”，更不是“炫耀性”，而是一种系统性地“理性”呈现，以及一股出自心灵底蕴的“感性”喜悦！上自明清拾遗，下迄民国佳器，砂壶茶罐、文房杂项一应俱全。云涛兄更对所藏一一评点说明，细数家珍，展现出他对于紫砂收藏的潜心研究与独到见解，不只为同好提供了审美欣赏，更传递了专业知识。从约翰马吉的理论说，这正是云涛兄“自我实现”的成果。

紫砂之为物，兼具器用与审美功能。动则，倾金注玉，滴露流香；静则，置诸几案，生人闲远之思。人与器的互动感应，紫砂尤胜于他物也。而紫砂真趣，正贵在知器、惜器。不以残器而见弃，不以价微而轻贱，云涛兄以这本《紫韵雅集》为此作了最佳的实践与诠释！

读其书者，当有知音，是为之序。

黄健亮

甲午荷月于台北古溪书房

黄健亮学术简历

台北故宫博物院藏品征集评审委员

江苏宜兴市陶瓷（紫砂）文化研究院学术顾问

成阳艺术文化基金会特聘研究员

中国美术学院紫砂艺术高级研修班特聘讲师

主　编

《古壶之美》系列

《荆溪朱泥—明清宜兴朱泥壶研究》

《紫泥藏珍—明清宜兴窑器之美》

《紫砂名品—黄正雄珍藏古今名壶特展》

《明清紫砂艺术—宜兴紫砂壶及其装饰研究》

《朱泥宝记》

《荆溪紫砂器》

一本收藏爱好者写给收藏爱好者的书

壶 缘

从2005年成家立业、事业稳定后的我开始喜欢上茶道，特别是岩茶，那醇香悠远的岩韵让我流连忘返，忙碌一天以后，无论是自己独处一室品茗沉思，还是两三好友把茶问道，都是一种身心的愉悦与放松。久而久之，对茶叶、水及器皿的讲究多了起来。茶具方面一开始用盖碗，后听说紫砂壶泡茶更好，就买了一把一试果然不错，开始对宜兴紫砂另眼相看。家的附近有个花鸟市场，里面有几家专营紫砂的小店，闲暇之余经常光顾，跟店主聊天了解紫砂的知识，慢慢开始入门、了解、喜爱、收藏紫砂壶。收藏了半年新壶后偶然的机会接触老紫砂壶（老指的是1949前的紫砂壶），一下就被老紫砂的古朴气韵所吸引，进而从收藏工艺师的新紫砂壶开始转向对老紫砂的收藏与研究。

历 程

老紫砂和新紫砂收藏渠道不一样，新的紫砂壶一般在茶叶市场或文玩市场的紫砂专营店，老紫砂的收藏一般要跑古玩市场和旧货市场。老紫砂的做伪古来有之，现在更是鱼龙混杂，古玩行买东西靠的就是眼力，眼力好买好东西，眼力不好就经常会买到仿品，眼力的提高要靠自己在实践中不断的提高，多上手好东西、多看书、多去博物馆、多与资深的藏家交流，如果有前辈指点那进步就更快。我比较幸运的是得到许多良师益友的指点，特别是感谢张文胜先生。收藏一开始也经常会买到仿品，交了一些“学费”同时增长了许多经验和鉴别的知识，为了收藏到好的紫砂，北京的潘家园市场、北京古玩城、琉璃厂、报国寺我是经常光顾，一有出差、旅游去外地的机会就抽时间去当地的古玩市场，近的河北、山东、山西，远的福建、四川、广西、上海都去过。2007年去日本旅游在东京的古玩店还买到一把清末的紫砂壶。在日本旅游是跟的旅行团，行程安排的比较满，基本上没有什么机会去当地淘宝，最后一天在东京有半天自由活动时间，按照事先做好的功课去了涩谷附近古玩比较集中的一条街道，日本的古玩店比较分散而且中国的古玩比较少，紫砂就更少，几经周折看到一把清末的紫砂壶，老板开价50万日圆且不接受还价，当时一个是被这件宝物所深深吸引，另外还有一种让流落在海外的文物回家的使命感油然而生，所以决定买下它带回中国，当跟古玩店老板说可以的时候，古玩店老板一脸的惊讶和不解，他没想到一个中国的年轻人可以为一把茶壶一掷千金，就这样这件东西被我小心翼翼地带回国，我的东瀛寻宝经历在圈子里流传开了，后来这把壶有人出高于几倍的价钱我也没有割爱。

2009年一次偶然的机会，我得知一位收藏老紫砂的朋友想转做别的投资，打算把手里的紫砂壶全部转卖，我当即赶到这个朋友家中。在陈列出的80多把紫砂壶中，一眼便相中了其中的一把精品，（此件藏品见本书76页）于是便向卖主询价，得到的回答却让我颇为纠结，卖主提出如果想买，就要把这80多把壶全部收走，行话叫“一枪打”。可是我认为除了看中的那把壶之外其余的壶对于我的意义并不大，我左思右想之后还是决定以卖家提出的的价格“一枪打”。我从这80多把壶之中挑出了几把壶自己收藏了起来。在两个月以后，剩下的那70多把壶又“一枪打”给了另外一个藏家。

紫砂壶在明代末年随着茶叶的出口而流传到欧洲各国，它优良的宜茶功能博得了欧洲皇室及贵族们的赞誉，他们将紫砂壶称为“红色瓷器”，并以拥有一件宜兴的紫砂壶为无上荣耀。日本的饮茶风气承袭唐代礼制，紫砂壶早在江户时代末期就已传入日本，明治年间日本人聘请宜兴的紫砂艺人来本国传授技艺。因此，全世界各地都散落着中国的紫砂器具，2010年我开始面向世界拓展自己的收藏渠道，逐渐收集海外回流的紫砂精品。古玩行有个不成文的规矩，也象征着一种契约精神，如果买家询价，卖家出价，那么买家无论如何必须还价，并且倘若卖家同意以买家还出的价格成交，这笔交易就此完成，买家不能在还价且卖家同意后做出反悔。这样的交易规则，对于看得见而无法上手亲自把玩的东西，更多的要靠紫砂收藏多年历练出的独到眼光和过人的胆识了。

在一次日本的网站拍卖活动中，我看到了一件大为心动的紫砂茶叶罐，（此件藏品见本书136页）但网站给出的图片十分模糊，相关资料也非常有限，更不用提亲自上手了。隔空凭借自己的感觉认为这是件好东西，于是下定决心赌上一把。拍卖开始，无底价起拍，令我感到意外的是竞争异常激烈，并且意识到也有很多的行家参与拍卖，在加了足足有100多手之后，凭借着自己的经验和实力花了几万人民币拍得了这件宝贝。拍卖过程中我的心情十分忐忑，直到东西拿到手终于松了一口气，幸运的"捡漏儿"结果甚至让自己都不敢相信。直到圈里朋友的聚会，大家纷纷议论猜测着这次拍卖，此时才踌躇满志地将拍得的黑堆泥紫砂茶叶罐展示于大家面前。

新　老

玩老壶经常面临的一个问题就是新老，有人孜孜以求、有人误入歧途，以讹传讹，有人则无所谓抱着现在不老以后若干年就是老壶的观点。我认为既然玩的是老壶，即要搞一个水落石出，是老是新？是到代的还是老仿？是名家本人的还是同期托款？这些尽可能要借助各种资料还原其真实面目。鉴别新老我认为有以下几点与同好分享：

观其泥：泥色即胎土，是茶壶之本，由于时间的原因紫砂矿从宋元到明清乃致民国一直在开采，矿层不同，练泥工艺不同造成各代胎土有所不同，而且经过岁月的洗礼老壶有风化痕迹，这些都是鉴别老紫砂的根本。任何仿品只能尽其所能仿做而不能回溯到历史中。各位同好当收集各时期标本尽力分辨，方能得其根本。

听其声：老壶由于岁月的风化早已没有刚出窑的火气，所以圆壶在转动壶盖的时候，壶盖与壶身的摩擦声是一种沙哑、低沉的声音；新壶的壶盖在盖在壶身上摩擦的时候一般声音比较清脆。这一点也可以作为判断新老的一个依据，但不绝对。比如：老朱泥烧结度较高的泥料发出的声音相对更加清脆，新壶如果欠火声音便会发闷。所以要结合其他特点来看。

看其型：有些造型是一段时期比较流行，有些造型是特定历史时期才出现，熟悉这些也可以鉴别一些仿制的老壶。比如明末清初筋囊器比较多，石瓢的造型一般出现在道光之后。还有些造型完全属于臆造，根本不合逻辑和章法，如果收藏者对古壶的造型及出现时期了然于胸，则在鉴赏古壶方面就又多了一层把握。

赏其饰：紫砂的装饰手法十分丰富，主要有堆泥、泥绘、贴花、浮雕、施釉、加彩、绞泥、镂空、包漆、刻绘等等。如贴花的装饰大部分出现在清三代，如果民国壶上出现就要探其究竟；古壶的粉彩装饰一般采用的是矿物彩，如果是化学彩就要小心了；刻绘是清末民国古壶上常见的装饰技法，刻绘的艺人都是有多年书画功底的，刻字、刻画都有基本要求及基本规律可循，如果紫砂器上的刻字画一团糟，那十有八九是赝品。

鉴其款：紫砂的款识有很多，从明代的竹刀刻，到后来的钢刀刻款，印章款由木印到石印，书法风格从欧阳询、褚遂良到赵孟頫、馆阁体。特别是名家的印款一般印文清晰且金石味道十足。很多款识在书上都能查到资料所以收藏者要注意对照、分辨。

品其神：古人有古人的生活，今人有今人的环境，无论怎么模仿甚至穿越，今人无法回到古代。老壶较新壶最大的长处在古壶的韵味，这个是新壶无法比拟也无法仿制的。有些近代名家如黄玉麟、俞国良、程寿珍、王寅春等的作品存世较多，比较其传器有明显的自己的艺术风格，这不仅是区别其他名家的艺术风格也是现代仿品无法达到的艺术高度。我们在鉴赏老紫砂器时感觉有些东西味道不对，这就是基于对古代紫砂器的了解从而从内心对其神韵的感知而产生的第六感，这种感觉只可意会无法言传，达到这种层次的鉴赏非一般爱好者能及需长期积累而成。

感　悟

“捡漏儿”：靠的是眼光和胆识

谈到古玩投资的最大魅力在于它并没有一个固定的价格标准，而最大的乐趣也就在于漫天要价、坐地还钱“捡漏儿”的过程。捡漏是指以很便宜的价钱买到很值钱的古玩，而且卖家往往是不知情的。说到“捡漏儿”，我认为以前的“捡漏儿”的实质主要是利用信息的不对称，所谓信息不对称也就是卖家也许对于古玩的真实价值并不十分清楚，因此开出的价格会与其真实的价值相距甚远，但如果一个好的藏家掌握这其中的信息，便能以相当低廉的价格得到那件宝贝。但随着信息传播渠道的发展，“捡漏儿”的机会也随之减少，仅存的一些精品也只能在拍卖会和一些资深的藏家手里见到了。优秀的“老作品”既有艺术价值也有文物价值，同时又具有稀缺性，价值更胜于新作品是顺乎自然的。

有成功也少不了失败，“打眼”也是每个收藏者在成长的过程中不可或缺的一课。“打眼”是指没看准东西让人蒙了。初级水平的收藏者“打眼”往往是经验、知识的不足造成的，而行家的“打眼”往往都是自己的心态出了问题，说到底还是贪欲。一件物品的某一点让你心动，从而干扰你的判断、阻挠你的独立意识导致投资行为的失败。任何投资行为其实就是心理历练的过程，心态平和便会减少失误，回归理性的判断，在收藏过程中最大的收获还是心理上的感受。至于升值那是水到渠成的事情。

我对老壶的独特偏好是源于以下原因：首先，老壶本身承载着很多文化和精神的内涵。当我看到这些历经了几百年的沧桑、磨难流传下来的东西，感觉到我们在它面前只不过是个匆匆的过客，能真切地感悟到功名利禄不过是过眼云烟，对于人生多了很多的思考。而且老壶带给人的感觉和新壶是不一样的，那是一种玩壶玩久了才能感受到的特殊味道，很多新壶总觉得少了那么一口气在，另外一个原因相对于新壶而言老壶出现炒作个人作品的几率较小。

各个类别的艺术品投资收藏行为大都遵循着相同的轨迹，从兴趣喜好的产生到相关的知识、行情的了解，进而到不懈的实践与学习。这是从事投资收藏的人都要经历的过程，只有格物致知，才能做好收藏。而其中最重要的收获是在把玩艺术品的同时得到精神、心理的共鸣和愉悦感。

写了这些文字无非是表达一些内心对老紫砂艺术的真实感受，且当本书序言。以上纯属个人观点，如有不妥之处还请各位老师、同好指正。

癸巳年初秋写于北京紫云阁

紫砂茗壶

明末是紫砂技艺的一个高峰

紫砂技艺在明末万历、崇祯年间达到了高峰。明代末期的紫砂符合中国文化的审美标准，简约、质朴、含蓄、温温而雅，也符合紫砂材质的特征。此时诞生的一批以时大彬为代表的紫砂名家。只是因为时间的原因，明代精工的东西留下来的太少，而我们能看到的少之又少。明代紫砂的繁荣给清三代打下了良好的基础，加之统治者的推崇，使得紫砂又往前发展了一步。清初的统治者由于对思想的禁锢和弹压，使得这一时期的紫砂器风格端庄华丽，体现的主流是宫廷之美，而缺乏独立的自我思考和人文的关怀。

一粒珠为明代茶壶的传统样式，盖墙与壶底的处理为典型明代特征。身桶为上下和模制成。底款木章，内容：XX魁制。实为研究明代紫砂工艺的极佳的样本资料。

底款

紫泥一粒珠
年代：嘉靖　隆庆
高　：16公分
宽　：25公分
底款：XX魁制

◉

龙蛋壶

年代：万历 崇祯
高 ：15 公分
宽 ：18 公分
底款：无款
此壶红泥调砂，体型较大，为日常实用器。

此器为明代墓葬出土器，形式较小，但非墓主人生前所用，也就是所谓的随葬品。明末江苏一带殡葬习俗中烧制大量的随葬冥器，如茶壶、紫砂罐子。一般做工粗糙、胎土泥化明显，窑温不高。这样的器皿收藏过程中要与使用器有所区分。闽南习俗中也有紫砂茶器陪葬的风俗，明清时期闽南地区特别是漳浦地区经济发达，民间饮茶风极盛，孟臣壶，若深杯是茶人的必备之器。中国人的习俗中有视死如生的观念，所以闽南墓葬的随葬品中紫砂壶就是常见之物。闽南人并不忌讳用古墓中出土的紫砂壶泡茶，认为地下久埋的紫砂壶阴气十足有特殊的清凉解毒之功效，所以我们有时能看到出土—传世—再出土的紫砂壶。

◉

小龙蛋壶

年代：嘉靖
高 ：9 公分
宽 ：12 公分
底款：无款
此壶窑温欠火，做工粗糙，体型较小，为冥器。

◉

直嘴莲子壶
年代：崇祯
高　：16公分
宽　：20公分

此壶用泥较为细致，明显属于精炼后的泥料，壶的窑温比草创期有明显的提高。

底款

◉

大龙蛋
年代：崇祯
高　：14 公分
宽　：23 公分
底款：庄廷裕制

底款

明代在茶壶上的刻字，典籍中有记录笔法富晋唐贴意，观其书体多有仿唐代书法家欧阳询的笔法，欧体书法在明代文人士大夫中颇受追捧。而到清代所谓的馆阁体大行其道，紫砂壶的刻字也多半开始中规中矩。清末民国自由之风盛行，此时的紫砂器上的刻绘多见行草，楷书反倒凤毛麟角。

朱泥文旦壶

年代：崇祯　顺治

高　：12 公分

长　：17 公分

底款：别有天地在人间 文旦

底款

直嘴铺砂大壶壬辰购于日本，底款方圆款即上面圆款：荆溪，底下方款为人名，此款识多见于明末清初。

◉

荆溪康侯款直嘴铺砂大壶

年代： 崇祯 顺治

高 ： 11 公分

宽 ： 26 公分

底款： 荆溪康侯

明末清初之瓷器贸易与外销紫砂器

在1602-1604年之间，两条葡萄牙帆船被荷兰人截获，船上货物数以万计，在阿姆斯特丹被拍卖，由此燃起了欧洲人对中国瓷器的狂热。自从1634年中国方面回应了荷兰东印度公司的订单后，17世纪就成为中国出口外销瓷的鼎盛时期。巴达维亚的荷兰东印度公司记录显示，每年至少有300万件瓷器被运往欧洲。1601-1682仅荷兰东印度公司一家从中国进口瓷器达1200万件，17-18世纪从英国东印度公司进口到英国的瓷器也有300万件。有资料证明朱泥贴花外销器最早于明万历年间，这与业内普遍认识此类外销器多为清初又将有新的突破。巴达维亚的荷兰东印度公司档案记载，1679年七箱由长洲（泉州）运出红泥茶壶；1680年澳门运出320个红泥堆塑梅枝蝴蝶图案茶壶。

贴花四系背壶
年代：康熙
高 ：20公分
宽 ：18公分

四系背壶由古代携壶发展而来，携壶也叫穿带壶、穿带瓶、背水壶、背壶等。其造型的基本特征是：喇叭形口，瘦长鼓腹，腹部有一对环耳。携壶流行于宋、辽、金、元、明、清各代，白釉、黄釉、白釉绿彩制品比较常见。携壶是古陶瓷瓶式，因为壶的两侧有穿带或绳索的环耳沟漕而得名。贴花紫砂器在德国德累斯顿（Dresden）博物馆类似藏器建档于公元1721年，可见此类贴花造型紫砂器应不晚于康熙。

此壶造型取材于青铜器造型，四足、嘴、钮皆螭龙造型，壶身紫泥贴花为水仙图案，在贴花图案中并不多见。

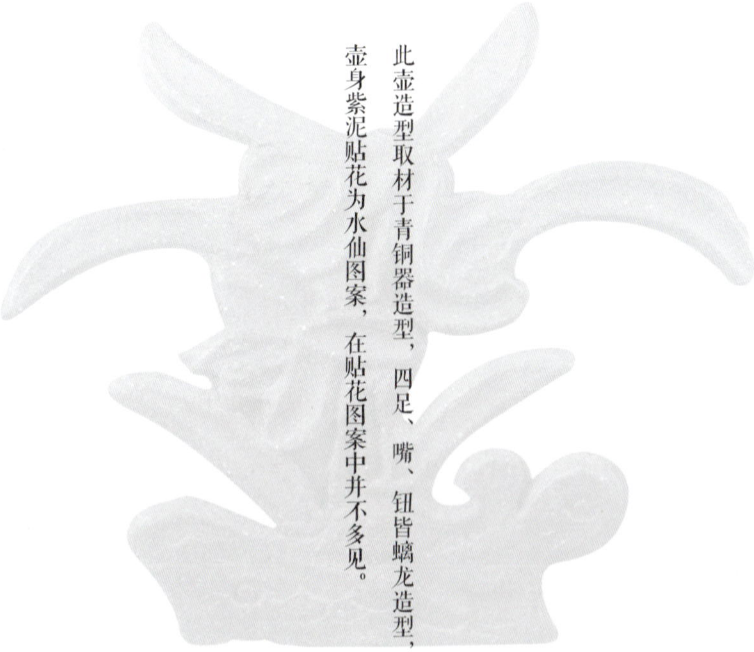

◉

四方贴花二龙戏珠壶
年代：康熙
高 ： 11 公分
宽 ： 16 公分

◉

朱泥狮钮贴花壶
年代：康熙
高 ： 15 公分
宽 ： 20 公分

太师，中国古代官职。又名太宰，掌邦治，为六卿之首。在周朝，太保与太师、太傅合称「三公」。少师，春秋时楚国设置，楚平王即位，使五奢为太子建之「师」，费无极为「少师」。北周以后，历代多沿置，与少傅、少保合称「三孤」。北朝魏齐及隋以后历代沿置。明、清以朝臣兼任，为虚衔。太师少师图案为一大狮子一小狮子；以「狮」「师」同音，而借音借意以狮为师，而寓以「太师(大)少师(小)」，而意思为教子成龙，辈辈高官的一种愿望。亦有图案为一大龙一小龙者称为「教子成龙」。此大狮口衔一球且球可转动，十分精巧，此为外销器，保存完整实属不易。

此壶造型特殊，壶身为菱花形造型，壶提子松枝状，螭龙嘴，四脚为兽头并借用青铜器纹饰。把的形制也是青铜器借鉴而来。

◉

四方菱花壶

年代：康熙

高　：12 公分

宽　：20 公分

圈足

壺蓋

壺把

盖款

壶口

◉

珐琅彩贴花狮子壶

年代：康熙

高　：22 公分

宽　：28 公分

盖款：汉珍

此壶硕大，通体呈深紫色，泥胎细密坚致，烧造纯熟。壶身浑圆，三弯流顺挺，把圈流畅，整体比例得当。平盖塑太师少狮为壶钮，捏塑精到，大狮昂立，小狮匍匐其侧，狮子憨态可掬，眉目毛发皆细腻毕现。壶身贴花，凤凰牡丹纹饰满布壶身，花蕊朵朵，或绽放，或含苞，各展姿妍，两只凤凰立于花丛间，寓意「富贵吉祥」。壶钮、壶身贴饰经加彩装饰，更显华贵。《紫泥—王度宜陶珍藏册》第 97 页上图，奇园国际艺术中心，1993 年 10 月。

「珐琅彩」又称「画珐琅」，是15世纪中叶在欧洲佛朗德斯发明，15世纪末在法国中西部里摩局以内填珐琅工艺为基础发展而来。随着中西方贸易交往传入中原，后经宫廷造办处用于瓷器，珐琅彩瓷器成为宫廷御用在瓷器领域大放异彩。康熙御制紫砂胎珐琅彩在全世界仅19件，全部在台北故宫。外销贴花多见，加珐琅彩者少见，此壶加彩是在中国还是在国外加彩有不同看法，我个人认为还是国内烧造完成。

葡萄果实成串成簇，硕果累累，寓意丰收，富贵长寿。松鼠是一种十分可爱的小动物，鼠在十二时辰为子，喻「子」之意，葡萄松鼠纹寓有「多子多福」、「子孙万代」的吉祥祈愿，成为明清瓷器典型的装饰纹样。清代青花葡萄松鼠碗最早见于康熙朝，乾隆有青花，粉彩等品种。此壶上下合模制成，泥料、做工一流，为清初难得一见之佳品。

松鼠葡萄壶
年代：乾隆
高　：9公分
宽　：18公分

扇面贴花壶
年代：雍正 乾隆
高 ：14 公分
宽 ：17 公分

《阳羡磁壶赋》清 吴梅鼎中有记载：载扇面之形(扇面方)，觚棱峭厉。观此壶制作难度大，整个壶采用镶身桶成型，且棱角分明透着阳刚之气，符合文献记载。网络上见同形制一壶，中间开窗无贴花，刻诗句落款：邵明。

贴花工艺起于康熙，一直到乾隆早期都有应用，此壶贴夔风纹，壶钮为狮子绣球，制作精细，绣球在狮爪下是活动的。

盖款：济乾 为清三代制壶名家。

狮钮贴花壶

年代：乾隆

高 ：13 公分

宽 ：18 公分

盖款：济乾

为什么宜兴紫砂出于江南，而清中以上传世紫砂多出于北方？

首先产地非使用地，宜兴虽然是紫砂的故乡，但从历史到现在紫砂器还属于输出型的消费品，原产地留存的并不多，由于各种各样的原因大多散落于河北、山东、北京、天津、安徽、上海、江苏、浙江、福建甚至海外等地。通过研究我发现古代多以京杭大运河运输紫砂器到全国各地，所以大运河沿岸城市杭州、苏州、无锡、扬州、徐州、曲阜、济南、德州、天津、北京成为紫砂器的集散地。至今各地古河道还能出土一些宜兴紫砂残片，可见当时运输量之大。

其次江南地区从清初满人入关到清末的太平天国运动及以后的历次战争与运动，紫砂传世器特别是清三代及以前紫砂器消耗殆尽。以下历史资料可以辅证《阳羡陶人录》云：「满兵蹂躏江南，玉石俱焚，士大夫之家，首当其冲，壶之断臂折颈，碎顶崩口者，皆与瓦砾为伍。同卧荆棘丛中，几欲返本归原。偶为拾荒者捡得，不以其破损而摈弃，又有守缺抱残之士，出货鬼集，比之燕市之骏骨，载车之孙膑，爱之如此」。对宜兴影响最大的是太平天国运动《宜兴荆溪县新志》：「宜兴荆溪居民老幼丁壮百万有奇，咸丰庚申（1860年）城陷者五载，黄童白叟几无孑遗，丁壮不及十万」。

而北方地区情况要好的多，特别是山西地区由于晋商的崛起成为紫砂的重要消费地，晋商的深宅大院成为传世紫砂器的避难所，所以北方多高年份紫砂器，江南地区以上海为代表多为民国时期的紫砂。

此壶为光素器、筋纹器、仿生器之集大成者，壶身有八道阴线贯穿上下，整个造型端庄大气，有如一只灯笼透着喜庆的气息。壶钮用仿生的桃枝状，薄雕两只寿桃活泼可爱，让整个茶壶灵动起来。上下合模制成，可惜无款，有些信息无法进一步考证，不禁感叹：又一无款佳器。

寿桃壶
年代：雍正　乾隆
高　：9.5 公分
宽　：16 公分

壶盖

盖款

叙堂款四方金钱钮壶

年代： 康熙 雍正

高 ： 13公分

宽 ： 18公分

盖款： 叙堂

叙堂者何许人之堂号？尚需考证，此壶应为康熙、雍正年间制作，气度恢弘，方中寓圆者壶中佳器。

纹饰

◉

苦节壶

年代：康熙

高 ： 13.5公分

宽 ： 16公分

此壶或称「苦节壶」，原指煮茶的竹炉。形呈四方状，器表以竹竿搭出炉的框架，四角上下垂直「四出头」，左右两侧以竹纹塑以「万寿」字。三弯流、耳形鋬、顶珠钮、弧嵌盖，从流至盖、钮、把，皆呈四方状。此壶无论形制与工艺，其曲线流畅，层次有致，比例匀称，非高手莫为。

李长平先生在其大作《明清紫砂珍赏》中写到：「竹炉始于宋代，兴于明代，其中明代的《茶器图》中有一幅《苦节君像》为此类竹炉。从资料所述，炉呈方形，以竹竿，竹蔑编制而成。而明代画家王问所作《煮茶图》（台北故宫博物馆藏）中的茶炉与《茶器图》的《苦节君像》大体相仿。清代吴梅鼎《阳羡茗壶赋》中所述「君名苦节，盖已霞堆」，意指此类壶式。」参阅：《明清紫砂珍赏》第36页 西冷印社出版社 2006年4月第1版

酒文化与茶文化在紫砂上的交融

茶文化和酒文化的相同点，都是一种休闲文化，都是一种交际的文化。有人说酒文化是武将文化，茶文化是文人文化。酒与茶的不同之处：酒奔放，茶内敛；酒令人血活性起，茶使人心平气和；酒就好比燕赵之士，慷慨激昂，茶却有如江南女子，优柔婉约。酒与茶就如两泉涓涓细流，泾渭分明地顺着历史汩汩而下，却在紫砂这种材质上交汇。紫砂不仅适茶也因其独特物理特性亦适酒，就有了独特的紫砂酒具，下面是一组独特的紫砂酒具。

葫芦型松鼠葡萄酒壶
年代：康熙
高　：16 公分
宽　：18 公分

葡萄纹作为工艺品装饰题材，最早见于唐代，有海马葡萄纹铜镜，葡萄纹银器等。至明清间更为多见，永乐剔红漆器、成化斗彩瓷器中的葡萄纹饰已脍炙人口。

葡萄果实成串成簇，硕果累累，寓意丰收，富贵长寿。

葫芦的枝「蔓」与万谐音，每个成熟的葫芦里葫芦籽众多，汉族就联想到「子孙万代，繁茂吉祥」；葫芦谐音「护禄」「福禄」，加之其本身形态各异，造型优美，无须人工雕琢就会给人以喜气祥和的美感，古人认为它可以驱灾辟邪，祈求幸福，使子孙人丁兴旺。二者结合做成酒壶的形状在紫砂器里十分少见，德国博物馆中有一件朱泥贴花葫芦型酒壶，紫泥地段泥贴花的在国内外藏品中未见完整器。

紫泥酒壶（配盖）
年代：乾隆
高　：15 公分
宽　：14 公分

●

粉彩蓝底通景山水酒壶
年代：乾隆
高 ： 12 公分
宽 ： 13 公分

酒壶在紫砂中并不多见，此壶制作精巧，画工细致，是难得一见的精品。通景山水的装饰方法是让人从任何角度都可以看到完美的画面。即将山水相连、境气贯通的一个整体画面，美丽的山水不论是正面，还是慢慢地旋转过去之后，都可以看到。所以这样的作品只有正面，没有背面；这样美丽的山水画没有开始，没有结束。连绵悠长，故意盎然。古时这样的器具非官宦人家不可用。此壶为欧洲回流。

泥绘、堆塑装饰流行于清初17世纪晚期。其工艺方法是在已完工但尚有一定湿度的泥坯上，用其他色泥浆或本色泥料浆，以毛笔堆画花鸟或山水纹样，因用泥堆画有一定厚度，恰似薄浮雕效果。用来堆画的色泥有朱砂泥、黑泥等。外壁以堆黑泥泥绘的方式，采用国画传统远山近水的布局，勾画出了一幅风景优美，气势高远的山水高士隐居图。此壶虽无款，但外壁堆黑泥泥绘的制作工艺来看，颇有宫廷气息，特别是肩部的云纹较为少见，此壶虽残尤美。类似黑堆泥茶壶比较少见。

黑堆泥温酒壶
年代：乾隆
高 ： 11 公分
宽 ： 11 公分

康熙时期紫砂史上诞生了一位划时代的大师：陈鸣远，字鸣远，号鹤峰，又号石霞山人、壶隐，清康熙年间宜兴紫砂名艺人，陈鸣远超越了明代几何器形和筋纹器形的局限，模拟自然形态塑成壶身。自然界的花草树木、蔬菜水果、鸟兽鱼虫，无不可以入壶。其造型源于自然，加以取舍并适当夸张，作品生动活泼，富于美感，开创了后代「花货」先河。

万花之中，以菊类最丰，其形色各别，种类颇多。而从百花当中拟取状态入饰瓷器，从大做作中获得美感，这是明清御用瓷器的一个主要的装潢手法，给人清新朴素之感，让人有天人合一的感受。菊花瓣造型入饰瓷器始自明永乐朝，存世有永乐青花菊瓣碗，此种碗的烧造连续至万历朝；入清后，康熙帝亦爱好菊瓣造型的器物，雍正帝于菊花之爱，愈甚于其父，加之其奇特、文雅的审美层次，使得雍正一朝之菊瓣造型的器物品种之多、品位之高皆独步清一代，雍正朝菊瓣外型的器物大多为纯美的单色釉器，存世有种种差别釉色的雍正菊瓣壶、菊瓣尊、菊瓣盘、菊瓣碗，其美令人过目难忘。

清宫档案里关于雍正与紫砂记载，如《清宫造办处各作成造活计清档》不止一次记载雍正帝让造办处按照宜兴紫砂壶的样式制造其他材质的茶壶，特别是：雍正七年八月初七郎中海望持出菊瓣式宜兴壶一件。奉旨：做木样交年希尧，照此款式做钧窑，将霁红，霁青，釉色烧造，钦此。也许是上行下效，也许是审美的契合此款式当属雍正时期，观其胎土与风化痕迹也十分契合。

壶底

◉

菊瓣如意三足壶

年代：雍正

高 ：7 公分

宽 ：18 公分

此壶造型犹如盛开菊花，造型唯美、婉约、含蓄符合雍正时期审美标准，清宫档案曾记载雍正皇帝曾下旨仿此样式制作霁红、霁蓝釉瓷壶。此为瓷器向宜兴紫砂借鉴的有力证据。纵观清代紫砂与瓷器的发展，二者在造型、工艺、装饰上相互影响相互借鉴者笔笔皆是，正所谓「艺术的相通性」。

紫泥菊瓣壶

年代：雍正

高 ：8 公分

宽 ：18 公分

底款：无

壶盖

底足

明代紫砂器的造型没有走出自己的风格，造型多取材于青铜器、瓷器、仿生造型。筋纹造型广泛采用。此壶身由12道筋囊纹构成，有如一年的12个月份，上下合模。上一道阳线接下一道阴线，阴阳相交，完整和谐。上下合计24道纹线如同一年之24节气。口与底小大相同，盖子拿下盖在底口上也严丝合缝。足见其精妙，盖款木印：正春，是否是欧正春，待考。紫泥的合菱壶可见一二把，朱泥的尚未见到过。此壶锡嘴是老修，非原配。

盖款

◉

朱泥合菱壶

年代：雍正　乾隆

高　：8.5 公分

宽　：18 公分

盖款：正春

此壶泥料为朱泥，包浆滋润厚重，胎体致密，手感细腻光滑，独特的梨皮肌理（或叫桂花砂）似星光闪烁，散发出一股静谧幽野的气息和古朴的逸趣，耐人玩味。此壶泥料为朱泥调细砂，此工艺多出现在康熙末期到雍正年间。体型硕大，开孔18个，纵横排列非常有趣。刚购得此壶时底部有明显火烧痕迹，内部水碱已将壶体均匀覆盖厚度达2毫米的样子，是长期烧水后遗留的痕迹。在北方出现的很多容量超过1000CC的大壶，以前的用途烧水是其中之一。

底款

朱泥调砂汉方壶

年代：康熙　雍正

高　：22 公分

宽　：21 公分

底款：荆溪徐明远制

开孔特写

徐明远所制茶器并无实物资料可查，只找到关于相同款识花盆资料如下：清初紫泥梨皮长方漂口云脚盆，落款「荆溪徐明远制」。徐明远在文献中没有记载，生卒年无法考证。此盆在日本大正十年（1921）《盆栽》杂志创刊号上有登载。昭和三年到昭和十九年（1928-1944）四溪闲太执笔连载珍贵盆器图录十六年，介绍中国和日本花盆五百多只，此盆在第62号登场。昭和二十九年（1954年），水府散人作《树盆水盘》中作者名款收有「徐明远」款，《美术盆器大成》未记载款识中也有「徐明远」款。「徐明远」款盆极稀有。此盆造型设计别致，简洁端庄敦厚，气度非凡，超凡脱俗，制作工整，盆腹曲线变化有别于他人作品，盆腹外鼓充满张力，有膨胀感，盆肩微微内收，似袋式，盆口小圆弧急促外漂和云足极致的做法，充满了紧张感和重力感，是清早期文人士大夫和艺人所追求的内敛含蓄的审美观念在此盆器上的表现。此盆泥料深紫褐色，包浆滋润厚重，胎体致密，手感细腻光滑，独特的梨皮肌理（或叫桂花砂）似星光闪烁，散发出一股静溢幽野的气息和古朴的逸趣，耐人玩味。

将军壶身桶常见，完整亦难见，何况朱泥，此壶泥色润泽，壶身有铺砂装饰。

底款

朱泥将军壶

年代：乾隆

高　：16 公分

宽　：17 公分

底款：山水之中 可以与吟

邵广远名不见经传，观其传器做工上乘，亦一代名手。此壶运用紫砂线型的装饰手法，壶身装饰一个线条使平淡的壶身有了凹凸的变化，壶钮也有装饰，壶身有如一玉带贯穿使壶有了精神并于壶钮相互呼应，增加了整体的美感。

底款

玉带壶

年代：乾隆

高　：9.5 公分

宽　：15 公分

底款：邵广远制

◉

紫泥宫灯壶

年代：乾隆
高　：14 公分
宽　：20 公分
底款：风日晴和人意好　义兴制

湖上

【宋】徐元杰

花开红树乱莺啼，
草长平湖白鹭飞。
风日晴和人意好，
夕阳箫鼓几船归。

宜兴古称荆邑，因境内有荆溪而名。春秋时属吴。周元王四年（前472年）属越。周显王三十六年（前333年）属楚。秦始皇二十五年（前222年）荆邑属会稽郡（郡治今苏州），次年改荆邑为阳羡县。阳羡之名，地方志书称：「盖荆溪之阴多山，其阳衍沃」，衍与羡音近义通，故名，是无锡地区设立最早的县，也是江苏少数几个秦县之一。汉高祖五年（前202年），阳羡县令尹灵常从征，历时七年建立功勋。十二年（前195年），被封为阳羡侯，改称阳羡侯国。汉文帝十二年（前168年），仍改为县，东汉顺帝永建四年（129年），析会稽郡西北地，另置吴郡（郡治今苏州），阳羡属吴郡。三国吴宝鼎元年（266年），改属吴兴郡。西晋惠帝太安二年至怀帝永嘉四年（303-310），阳羡人周玘（周处长子）三兴义兵，平定叛逆，朝廷为表彰其功，置义兴郡，属扬州，下辖阳羡、国山、临津（以上由原阳羡县分设）、永世、平陵、义乡六县。南朝宋明帝泰始四年（468年），义兴郡属南徐州（今镇江）。南齐武帝永明二年（484年），义兴郡属扬州，后复属南徐州，隋文帝开皇九年（589年）废义兴郡，仍将国山、临津县并入阳羡，并改称义兴县属常州，唐高祖武德二年（619年），改义兴县为鹅州，下辖阳羡、临津两县。七年（624年），改鹅州为南兴州。八年废州，仍改为义兴县，属常州。肃宗乾元二年（759年），义兴县属润州（今镇江），三年复属常州。

宋太宗太平兴国元年（976年），避赵光义讳，改义兴县为宜兴县，属常州。南宋恭帝德佑元年（1275年），改为南兴军。元世祖至元十四年（1277年）仍改为宜兴县，十五年升为宜兴府，属常州路。二十年仍改为宜兴县，二十一年又升为府。元成宗元贞元年（1295年），立宜兴州，仍属常州路。明太祖洪武二年（1369年），改为宜兴县，属常州府。清初因袭明制。清雍正四年（1726年），分为宜兴、荆溪两县，同属常州府。清宣统三年（1911年），宜兴、荆溪县属镇常通海道。民国元年（1912年），荆溪县撤销，并入宜兴县。1988年1月9日国务院批准宜兴撤县建市。

此壶落款为：义兴制，颇有寻味。

壶作宫灯式，高颈高圈足，嵌盖鼓起，圆柱钮，三弯流，圆弧把，整器浑圆大气。清盛世的紫砂茗壶，其造型气度浑厚，比例协调，不附加装饰，仅以器形身线的变化或开光加强装饰效果，凸显细腻的泥质，崇尚「不务妍媚而朴雅坚栗」。此造型有别于一般常见宫灯式，尤其以壶钮的搭配别具特色。底款：风日清和人意好

底款

清朝雍、乾时期民富国强，宫廷用器讲究富丽堂皇，社会上也跟着崇尚华丽。紫砂壶受其影响，引进了彩釉装饰，在烧好的紫砂壶上，用釉彩绘或满身挂釉，再二次烧成。紫砂壶彩釉装饰具有流光溢彩、华丽缤纷的视觉效果，堪与景德镇瓷器相媲美。

粉彩莲子壶
年代：雍正
高 ：10 公分
宽 ：13 公分
底款：澹然斋

底款

粉彩流行于清雍正时期延至道光、咸丰，许多王亲贵族纷纷定制紫砂粉彩装饰之茗壶，这时期出现过许多斋、堂、轩号，钤于茗壶。如澹然斋、片玉斋、翼斋、春水堂、清和堂、盛和堂、清德堂、得月轩等等。「澹然斋」为清代皇族显贵们偏爱的一个紫砂堂号，多用作清代乾、嘉时期满釉汉方壶的底款。此壶较小巧，清三代小壶者必精品。

纹饰

纹饰

官帽壶顾名思义取其形制命名，两耳如同古代官员帽子的两个帽翅，形象活泼而不夸张，一道横梁横穿左右，压住盖子。身部粉彩雅致花卉，以荷花、兰花、竹子、梅花为装饰取其清廉、内敛、刚直、孤洁之意，此君子品行做官如此，做人亦如此。我见过几只这样的壶，无不残破或横梁、盖子不全，海外得遇如此好品相且小巧之壶，欣然收藏满足一个布衣的仕途梦想。

粉彩官帽壶
年代：乾隆
高　：15 公分
宽　：15 公分
底款：花款

纹饰

纹饰

此壶整体为浑方造型，壶身整体施绿松石釉，装饰7层线条图装饰图案，缠枝莲图案繁复华丽给人以雍容华贵之美感，有官器之美。此壶形体硕大，且口盖严密，成型工艺难度大，为同类精品。

绿地粉彩四方壶
年代：乾隆
高　：22 公分
宽　：28 公分

底款

底款不见同类藏品，疑为定制。粉彩图案绘画生动、细腻，且人物图案较为少见，画面为渔樵耕读之渔夫，画面人物十分传神，有宋元之画风。清中紫砂器粉彩的比较常见，紫砂加彩经常被玩壶者嫌弃并非纯陶，殊不知瓷和陶本就一脉相承，都是历史的遗迹，厚此薄彼实属不该。

◉

粉彩软提梁壶

年代：乾隆

高 ：16 公分

宽 ：18 公分

底款：景春斋

宫廷紫砂器多采用髹漆描金、加彩、泥绘等雍容华贵的装饰工艺，独树一帜。其中，又以单色泥绘及色泥堆绘较为普遍，见有作品流传于世。此壶即为堆泥作品，壶身呈四瓣瓜棱形，美观典雅。壶身堆泥绘御制诗文「御制生平爱茗饮，石铫煮金芽。拈得芦仝碗，盛来陆羽茶」及山水景物。泥质较细，呈紫褐色，设计巧妙，做工精道，雕刻精细，底有「笨严」款，底款遒劲。

线条流畅，细小的壶流挺拔上昂，至口端又向下弯垂，以求整体线条和谐一致，环形把柄弯曲得当，谨严有力，特殊的两开孔也与众不同。

堆泥御制壶
年代：乾隆
高 ：6 公分
宽 ：16 公分
底款：笨严

大面

底款

小面

壶铭

译文：

生平爱茗饮，石铫煮金芽。

拈得芦仝碗，盛来陆羽茶。

笨严款御制壶的资料找到两件与此件相互印证。2010年保利拍卖公司秋季拍卖一把笨严款御制壶与此壶类似；台湾成阳基金会2000年出版的《古壶之美》第235页也有把笨严款虚扁御制壶。

保利2010年秋季拍卖——笨严款御制壶

《古壶之美》——笨严款虚扁御制壶

堆泥技法运用了中国古代山水画的表现手法，远近、虚实、浓淡表现画面的层次感，同时又有西洋油画立体的表现形式，二者相得益彰令人回味无穷。下面是几件紫砂器的堆泥特写图与大家分享。

底款

◉

书扁壶（配盖）
年代：乾隆
高 ：8 公分
宽 ：17 公分
底款：邵春元制

壶内印花

壶泥色泛红，泥质细润如若丝绸，造型书扁式，中压折肩，壶底置一圈底脚线，口盖母子线配合，盖上扁圆钮置平盖顶薄片，俯视则有圆心辐射、多层次之美。一弯短流胥出，圈把稍瘦，更显得骨肉挺匀，神采熠熠。壶底「邵春元制」四字篆书印款。

存世所见此类书扁式折线壶，有光素及泥绘两种。此壶壶底所钤「邵春元制」四字阳文印款，邵春元，清乾隆年间制壶高手，生卒年待考，曾为宫廷制壶。台湾成阳基金会《古壶之美》2000年出版第224页有把邵春元制御制壶可以佐证。

此壶泥料纯正，色泽温润，浑朴端庄，做工精良。壶内底部尚有一印花，实在罕见而且匪夷所思。吾曾见邵春元制黑堆泥小壶，做工精致、泥料讲究、容量较小，有宫廷之风。

《古壶之美》邵春元制御制壶

63 details 局部

印包壶
年代：乾隆
高　：11 公分
宽　：15 公分
底款：壶痴

底款

「壶痴」是制壶名家徐展亭的号。《阳羡砂壶图考》称其作品：「式度朴雅，泥质坚洁，饶有大家风度，允推俊品」，但推测其「非明季清初名工不办」这样的说法是有道理的，观此印包壶，泥色润泽，做工精良，包袱褶飘逸潇洒，活泼灵动。内部推墙挂底痕迹明显。盖子设计巧妙，前后方向均可以盖上，且严丝合缝。壶痴印包壶也是经典传器壶痴款印包壶看了十几把，但是所见者与此壶在工、料、印款方面有较大差距。紫砂壶是中国古代工艺品中少数能落制作者款识的器物，有些名家如时大彬、陈鸣远在当时就享有盛名，大家以拥有一件真迹为荣，随着时间的推移为满足市场的需要就有各种仿制品出现，在众多仿制品中有一种拓款现象，即通过翻模等手段把款识印在仿制品上，这类清或民国的拓款古壶收藏者应该与真迹加以区分。常见的拓款如：华凤祥、徐飞龙、澹然斋、清德堂等。附一件马来西亚允德居兄收藏的华凤祥印包壶（见附图），以证我此言不虚，观此壶无论从泥料、工艺、气韵、款识与此壶痴款印包壶难分伯仲，吾有幸将两壶放在一起与大家分享，实在荣幸之至。另有一把苏州姚远兄收藏的陈砺成包袱壶也是一重要资料，此壶无论从泥料还是刻款均早于这两把印包壶，形制也有所不同，是否还有更早的造型？

包袱壶的造型也非紫砂独创，台北故宫有南宋吉州窑牙白色包袱壶。

小面

俯视

华凤祥印包壶

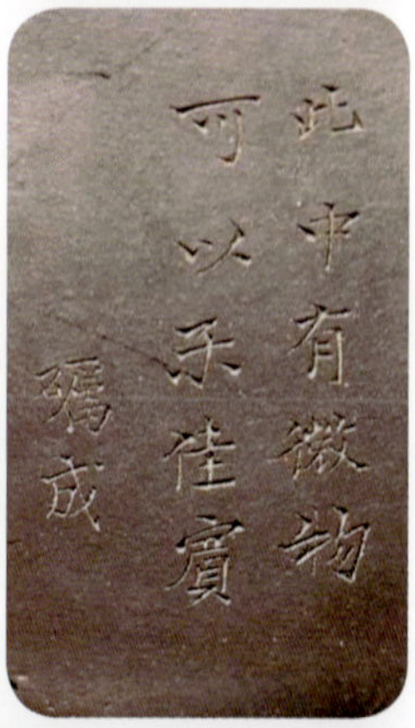

陈砺成包袱壶

南宋吉州窑牙白色包袱壶

刻字暖壶座
年代：乾隆
高 ：18 公分
宽 ：13 公分

《崇祯嘉兴县志》中引《三塔白龙潭记》说，大运河绕嘉兴城出通越门后向西南流出嘉兴城，即是景德寺院，寺院前有三塔，它与城东北的杉青闸与落帆亭成为两个进出嘉兴运河的标志。

三塔位于运河交汇转弯处，河流往往在这样的地方形成深潭，水势湍急，碰到风雨，更是水急浪高，给过往船只造成危险。所以传说在此水下有白龙。为了祈求船只平安，唐代僧人行云积土建塔，以镇风浪，并在这里建造寺院，五代吴越时名为保安，宋代改名景德禅寺，俗称三塔寺，供过往船只求拜保佑。同时，高高的三塔又成为运河边的航标指示，船只远远可以看到塔，知道将到嘉兴，将要经过险要的深潭，早做准备，也对对面转弯处可能驶出的船只保持警惕，防止相撞。

乾隆二十七年（1762），乾隆第三次南巡来嘉兴时来此，为寺院题名「茶禅寺」，并写下《三塔寺赐名茶禅寺，因题句》一诗：

积土筑招提，千秋镇秀溪。予思仍旧贯，僧吁赐新题。
偶忆赵州举，茶经玉局携。登舟语首座，付尔好幽栖。

此御制诗刻在壶的一面，另一面刻着宋代大诗人陆游《巢山》诗一首：

巢山避世纷，身隐万重云。半谷传樵响，中林过虎群。
虫镂叶成篆，风蹙水生纹。不蹋溪桥月，仙凡自此分。

村晚

【宋】雷震

草满池塘水满陂，
山衔落日浸寒漪。
牧童归去横牛背，
短笛无腔信口吹。

◉

白泥绘暖座壶
年代：乾隆
高 ： 15 公分
宽 ： 13 公分

这是一首描写农村晚景的诗。四周长满青草的池塘里，池水灌得满满的，太阳正要落山，红红的火球好像被山口咬住一样，倒映在冰凉的池水波纹中。放牛回家的孩子横坐在牛背，用短笛随便地吹奏着不成调的曲子。诗人即景而写，构成了一幅饶有生活情趣的农村晚景图。

身座以子母口套合。壶座若炉，盛以炭基可温茶保暖。暖座四壁镂孔作「八卦」符号，以为泄气散热。左右各出双系，以为设柄提构之用。周身五个篆体寿字，有五福捧寿的寓意。另一面竹兰图案的装饰更添雅趣。此器物白泥绘工整，部分有堆泥的效果，白泥绘的装饰技法最早可以追溯到乾隆中期，2011年在北京的古玩城见到过绘工精良一把宫灯壶，据店主讲此壶为出土器，同时出土墓志铭为乾隆30年，不知是否可信。如可考，我们对白泥绘技艺在紫砂上装饰的认知可以提前到乾隆中期。

杯状壶身上直下敛。口作葵辨式，对应葵辨式圈足。壶盖贴塑桃枝为饰，桃实为钮，造型写实生动。流上附饰卷草纹。底钤「亨慎」篆书阳文圆印。

亨慎：清代乾隆嘉庆年间宜兴紫砂艺人，佚姓，生卒不详，工治各式器皿。香港茶具文物馆藏有「亨慎贴花夔龙纹碗」一件，制作工整严谨，底钤「亨慎」篆文圆章。亨慎所见传器多以这种盖碗壶或茶杯居多，其他款式茶具所见极少，看来也是一位术业有专攻的陶手。

底款

桃形盖碗壶

年代：乾隆

高　：10 公分

宽　：10 公分

底款：亨慎

底款

桃形加彩盖碗壶
年代：乾隆
高　：9公分
宽　：10公分
底款：亨慎

底款

三代小壶多佳器，容量150CC--280CC的壶也是古人实用器，工料俱佳者十之八九；容量800CC以上者多为盛水或烧水容器，工粗相对数量较多，这是一个普遍规律。

●

紫泥小宫灯
年代：乾隆
高 ：11公分
宽 ：18公分
底款：清德堂

《茗壶图录》中有一壶型曰：趺坐逃禅，到虚扁壶到合欢壶。造型类似，但又有所不同。此壶型最早见黄玉麟传器，取名玉扁壶。

◉

玉扁壶
年代：同治　光绪
高　：8 公分
宽　：17 公分
盖款：无

盖款

◉

大亨德钟壶

年代： 嘉庆 道光

高 ： 13 公分

宽 ： 17 公分

盖款： 大亨

德清俭素、儒雅中和。此尊大亨德钟壶，泥色纯一，庄重儒雅，质朴大度，沉稳周正，圆润涵光。壶身造型取自「盅」型，圆型平纽与器身形似，直流、耳型鋬，有清正直谏君子之风度。壶肩线条圆转，过度极其自然，鋬流根部与肩线自然结合，各自延伸化转，呈疏朗大气之韵。每次与之对话都有与谦谦君子相处的感觉。邵大亨，清嘉庆道光年间人。出生于宜兴上袁村，是继时大彬、陈鸣远之后又一紫砂技艺达高峰者。据《邵氏宗谱》记载，邵大亨性格孤傲，平日里「每游览竟日或卧逾时，意有所得便欣然成一器，否则终日无所作，或强为之不能也」。又有「雅善效古，每博览前人名作，辙心揣手摩，摩得者尊如供碧。其佳处力追古人，有过之无不及」等等。从中可以看出，大亨具有自由之心性，善承传统，是勇于创新的清雅艺人。据紫砂文献记载，他性情刚直，不畏权贵，即使被县令锁在制壶的泥凳上也不屈服，不作一壶！因此，紫砂泰斗顾景舟大师在《宜兴紫砂壶艺概要》中云：「经我数十年的揣摹，觉得他（邵大亨）的各式传器，堪称集砂艺大成，刷一代纤巧靡繁之风。从他选泥的精练，造型上审美之奥邃，创作形式上的完美，技艺的高超，博得一时传颂，盛誉之高，大有，前不见古人，后不见来者，之慨。」笔者曾见资料，类似一身桶顾老为之配盖。邵大亨独创光素造型代表作「德钟壶」壶口盖直而且紧，无落帽之忧，壶嘴壶把舒曲自然，宛若从壶体中天然生出一般。壶身手感极佳，温润如玉，造型洗练朴实，不受世俗所染，一洗清代宫廷繁缛的风格。壶口之上下圆线，平和端庄，神态自若，而盖上的一条细线作为装饰，真正神来之笔，其厚薄、宽窄、位置已经达到不可做任何改动的程度，技艺手法已经达到紫砂传统基础技艺的巅峰。参考：《宜兴紫砂珍赏》86页，顾景舟主编，远东图书公司出版，1993年1月。此壶泥料为天青泥，天青泥为嘉道时期开采出的一种特殊泥料，烧成后泥色温润，成黯肝之色故曰天青，大亨传器用料讲究，纯天然天青泥后世基本绝迹，现在多为配泥。此壶为黑泥绘装饰，为大亨传器里所少见。绘画手法细腻，一面为竹子，一面为山水。泥绘是清中期典型装饰风格。

《荆溪紫砂器》
台湾唐人工艺出版社1999年出版第160页大亨款德钟壶

清人邵大亨是顧景舟最推崇的砂陶名師。圖為顧景舟於 1991 年為大亨壺配蓋之作。

《紫玉金砂精华版II》
台湾唐人工艺出版社2013年出版第202页

广彩

1683年康熙收复台湾，开放口岸开始海上贸易。商人于景德镇定制白色瓷器，运到广州让工匠按照西洋画法开始绘画，并于珠江南岸开设窑厂烧制称为广彩。广彩出现于康熙晚期，盛行于雍正、乾隆。

嘉道出口之紫砂器孟臣水平为主，广彩多加于紫砂器，此壶广彩艳丽，还有描金。蝴蝶牡丹吉祥富贵，朱泥做成如此大壶者少见。辛卯年购于欧洲。

底款

登金陵凤凰台

【唐】李白

凤凰台上凤凰游，凤去台空江自流。
吴宫花草埋幽径，晋代衣冠成古丘。
三山半落青天外，一水中分白鹭洲。
总为浮云能蔽日，长安不见使人愁。

◉

广彩朱泥水平壶

年代：道光
高　：14 公分
宽　：23 公分
底款：三山半落青天外

底款

◉

广彩暗八仙梨式水平壶

年代： 道光

高 ： 10.5 公分

宽 ： 17.5 公分

底款： 月到天中分外明 孟臣制

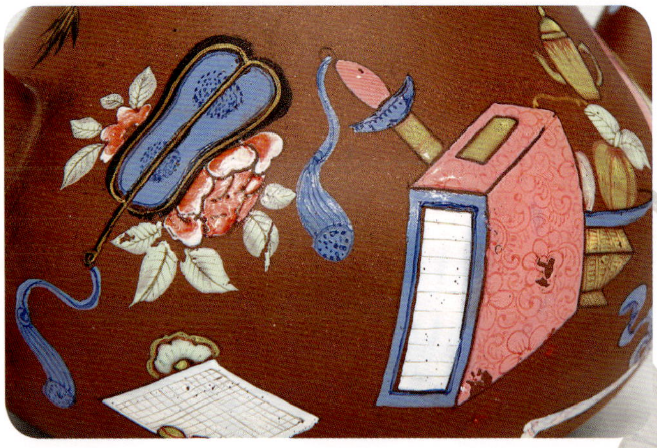

广彩潮汕壶
年代：道光
高　：14 公分
宽　：23 公分
底款：诗句

潮汕红泥与宜兴紫砂

中国陶瓷千年窑火延绵，窑口众多。产品类似宜兴窑的窑口比如山西平定窑、云南建水窑、广西钦州窑，这些窑的产品一般的收藏爱好者往往容易混淆，认为是宜兴紫砂。其中最难区分的还是潮汕的红泥壶与宜兴紫砂的朱泥壶。潮汕的红泥壶无论从造型、泥色、款识、大小和宜兴朱泥十分相近，有些潮汕的红泥壶不上手仔细看往往被认为是宜兴朱泥。但是仔细分辨二者还是有如下区别：一、潮汕的红泥壶是壶体是手拉胚成型，往往在底部或盖内能看到螺旋的纹路；宜兴朱泥壶是围身桶成型。二、潮汕的红泥壶泥性重，仔细闻一下往往有土腥的味道；宜兴朱泥壶砂性强；三、潮汕的红泥壶窑温低；宜兴朱泥壶窑温较高。此潮汕的红泥壶器型较大，底款为诗句刻款，通身施篮彩芙蓉锦鸡图，绘制细致为广彩之精品。值得称奇的是此壶底部采用宜兴紫砂常见的推墙刮底的手法，盖内也有暗针的修饰。（见附图）看来艺术也有相互影响，相互借鉴的交融。

髹漆工艺在我国历史悠久，用漆多为天然漆，从漆树上提取。生漆主要来源于湖北、湖南、贵州、四川、陕西、山西、浙江、安徽、云南、广东等省。各地出产的漆质不同，制漆时要根据各地不同漆性，制成各种不同用漆，如推光漆、熟漆等。具体工艺分为：

制漆。经过滤去杂质后的生漆，在经加温、搅拌，去水分，即为推光漆。加各种入漆色，再经搅拌，成有色推光漆。推光漆加入一定量的熟桐油，即成熟漆。再加入各种入漆色，即成有色熟漆。腰果漆是腰果壳油加溶剂及其他化学材料，经加热化合，即成合成腰果漆。加入不同漆颜料后，即成不同颜色的腰果漆。

上漆。用推光漆或腰果漆，均匀地刷涂（或喷涂、淋涂）于制好的灰坯上（刷涂时要先上后下，再由左向右依次涂刷），下窨房阴干。待实干后，在由砂纸砂磨。然后根据需要再进行髹涂第二次、第三次……方法相同。

推光。漆器制作完成后，需对其表面进行推光处理。大件漆器用机动布盘蘸出光粉或上光腊抛光。小件漆器用布、棉花蘸浆灰、出光粉、菜油反复推出光泽。

髹漆工艺在紫砂器上应用十分罕见。观此件紫砂器漏胎部分有底漆，推测是先上一遍底漆，再上金漆制作而成。纵观国内外紫砂资料，北京故宫博物院有一只髹漆捆竹紫砂壶可以参考、对比。

髹漆三友壶

年代：乾隆
高　：10 公分
宽　：14 公分
底款：无

底款

蓝白彩流行于嘉庆、道光、咸丰年间，开始绘画精美、灵动，后期画工逐步粗糙。此壶彩绘内容为博古图。北宋大观宋徽宗命大臣编绘宣和殿所藏古器，修成《宣和博古图》三十卷。后人因此将绘有瓷、铜、玉、石等古代器物的图画，叫做「博古图」，有时以花卉、果品等装饰点缀。「博古图」有博古通今、崇尚儒雅之寓意，常被书香门第或官宦人家用于装饰，本人有幸收藏博古图蓝白彩莲子壶及博古图笔筒一只相映成趣。

莲子壶
年代：道光
高 ： 12 公分
宽 ： 18 公分
底款：山中之明月 逸公

底款

赠别

【唐】杜牧

娉娉袅袅十三余，
豆蔻梢头二月初。
春风十里扬州路，
卷上珠帘总不如。

三镶壶

年代：道光
高　：10 公分
宽　：14 公分
底款：范禄曾制
刻款：春风十里扬州路，
卷上珠帘总不如。　友香

此诗是诗人赠别一位相好的歌妓的，这首在赞颂对方的美丽，引起惜别之意。第一句就形容了一番：「娉娉袅袅」是身姿轻盈美好的样子，「十三余」则是女子的芳龄。七个字中既无一个人称，也不沾一个名词，却能给读者完整、鲜明生动的印象，使人如目睹那美丽的倩影。第二句不再写女子，转而写春花，显然是将花比女子。「二月初」的豆蔻花正是这种「含胎花」，用来比喻「十三余」的小歌女，是形象优美而又贴切的。第三句写到「扬州路」。唐代的扬州经济文化繁荣，时有「扬一益（成都）二」之称。「春风」句意兴酣畅，渲染出大都会富丽豪华气派，使人如睹十里长街，车水马龙，花枝招展……。这里歌台舞榭密集，美女如云。扬州路上不知有多少珠帘，所有帘下不知有多少红衣翠袖的美人，但「卷上珠帘总不如」！不如谁？谁不如？诗中都未明说，含吐不露，但读者已完全能意会了。观此壶，造型婀娜多姿，线条多变，宛若一位少女亭亭玉立，刻画的另一面是一位高士面带笑容如沐春风，切诗切茶。

底款

春日忆李白

【唐】杜甫

白也诗无敌，飘然思不群。
清新庾开府，俊逸鲍参军。
渭北春天树，江东日暮云。
何时一樽酒，重与细论文。

◉

三镶壶

年代：道光
高　：9.5 公分
宽　：18 公分
底款：朱
刻款：白也诗无敌，
　　　飘然思不群。　魁廷

诗句称赞李白的诗冠绝当代，是说他之所以「诗无敌」，就在于他思想情趣，卓异不凡，因而写出的诗，出尘拔俗，无人可比。壶的背面是空谷幽兰，孤芳自赏卓尔不群，符合诗句里面的意境。魁廷暂无资料可考，香港茶具博物馆有类似藏品。

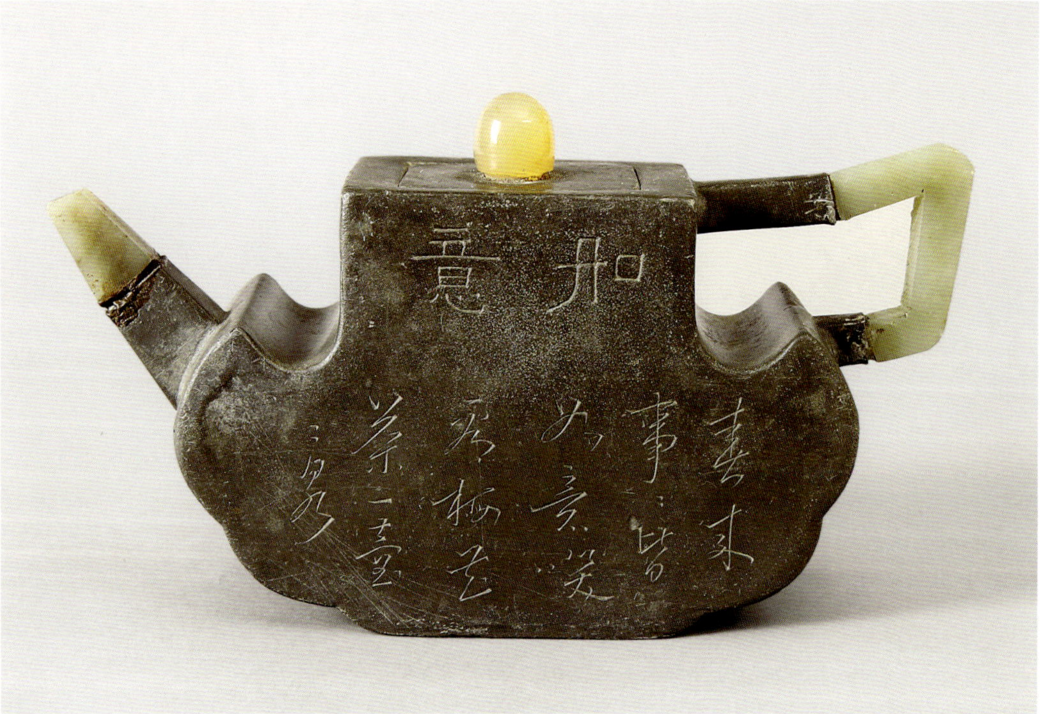

◉

如意三镶壶

年代：道光
高 ：9 公分
宽 ：16 公分
底款：朱
刻款：如意 春来事事皆如意，
笑看梅花茶一壶，二泉。

此壶造型取自如意状，一面诗文一面字画，诗文面内容：如意 春来事事皆如意，笑看梅花茶一壶，二泉。诗文切壶切茶，另一面是怒放的梅花。造型典雅，诗文优美，刻画精到，让人浮想联翩。三镶锡包壶多出现在嘉道时期，文人气息浓郁，多有诗文刻画，内有紫砂胎适茶，外包锡便于保温、紫砂胎包锡后技艺失传，清末后难的一见。虽然锡包壶失去紫砂壶素而素心，温润如玉的特点，作为特定历史时期的产物仍有其玩味与收藏价值，收藏古壶一味唯实用论就会失去很多的乐趣。

该壶体型较大，流部，把部处理较为特殊，上部处理成扁平状，流筒洁有力，把做的舒展而实用。壶身整体做的俊秀而挺拔，一根束带装饰条又平添几分唯美与婀娜。辛丑年即公元1841年（道光二十一年）观此壶器型胎土符合清中紫砂特点，前后一甲子皆无可能。这样为考证「友兰」、「二泉」提供了又一珍贵资料。

底款

盖款

钟式壶
年代：道光
高　：14公分
宽　：23公分
底款：友兰秘制
刻款：烹茶春客至，
得味有诗来。
辛丑　春日　二泉

底款

盖款

三兽壶

年代：道光
高 ：14 公分
宽 ：23 公分
底款：窥生铁斋
盖款：花款

此三兽壶不同常见之三兽壶，壶身椭圆型，并贴花非一般装饰回纹。底款：窥生铁斋。窥生铁斋主人何许人也？《清史稿》列传二百七十三有记载：汉军宗山，字歗梧，鲁氏。有窥生铁斋诗集、希晦堂遗文。皆以诗文名。据其他史料考证：宗山，字啸梧、鲁氏，铁岭人，隶内务府镶黄旗汉军，著有《窥生铁斋诗存》一卷，词一卷。其人能文善歌，无事辄饮，酒酣吹笛填词，富藏古物。看来在清代富藏古物并定做紫砂壶的达官贵人除了端方等又增加一人。

底款

蔡锡恭（约1771-1829），清代乾隆至道光间人，江苏望族，字少峯。性嗜茗壶，尝请杨彭年制壶，底钤篆文「少峯」方印。

三元壶

年代：嘉庆 道光

高 ：9.5 公分

宽 ：16 公分

底款：少峯

壶铭：石亦可以永年 曼生

公元1822年一艘满载着2000名乘客与35万件陶瓷的「的惺」号货轮，在印尼外海遇到风暴而触礁沉没，船舱满载的陶瓷沉入30米深的海底。1999年的时候，一位澳洲寻宝商人哈契（Mike Hatcher），在印尼外海探测到沉船，并水下发掘，所寻捞的古陶瓷都是19世纪福建省德化窑外销东南亚的产品，船上多达35.6万件的瓷器大部分完好无损，这35万件瓷器大多是十八世纪末至十九世纪初德化窑生产的瓷器。引起国际收藏家莫大兴趣。

Nagel（德国纳高）拍卖公司以成功的营销包装，先在斯图加特市内废弃的火车站举行大型预展会，并且在网站上，用「的惺号珍宝」为主题，以背景故事、文物介绍、展览资讯、拍卖会讯息、媒体报导、网站连结等单元，提供完整的活动讯息，甚至还包括了纪录短片与名为《the journey》的音乐专辑。

而且Nagel也与ibidlive.tv合作，提供线上即时出价技术，使来自全世界的顾客可以透过网路竞标，2001年11月，这些瓷器在德国斯图加特公开拍卖，在八天的拍卖会期间，所有16，100组拍卖品全数卖出，成交总额为2240万马克，合960万美元，共有多达5000人次参与现场拍卖，4000人次以邮寄方式出价，300人次通过电话出价，另外也有300人次通过ibidlive出价。买主大部分是德国当地的人，也有约750位买主来自国外，这批瓷器的母地——福建省德化县也买回72件，并计划由德化陶瓷博物馆特别为它们规划展示区。

此件藏品也是此次拍卖的其中一件，经历了海底的百年沉睡重见天日，展转海外终于回到故乡，有幸藏之。

海沁

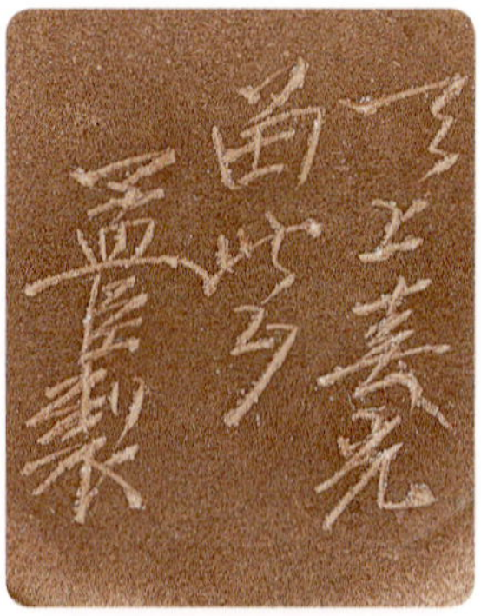

底款

标签

◉

紫泥梨式水平壶

年代：道光

高　：11 公分

宽　：16.5 公分

底款：世上春光留此乡

标签：TEK SING

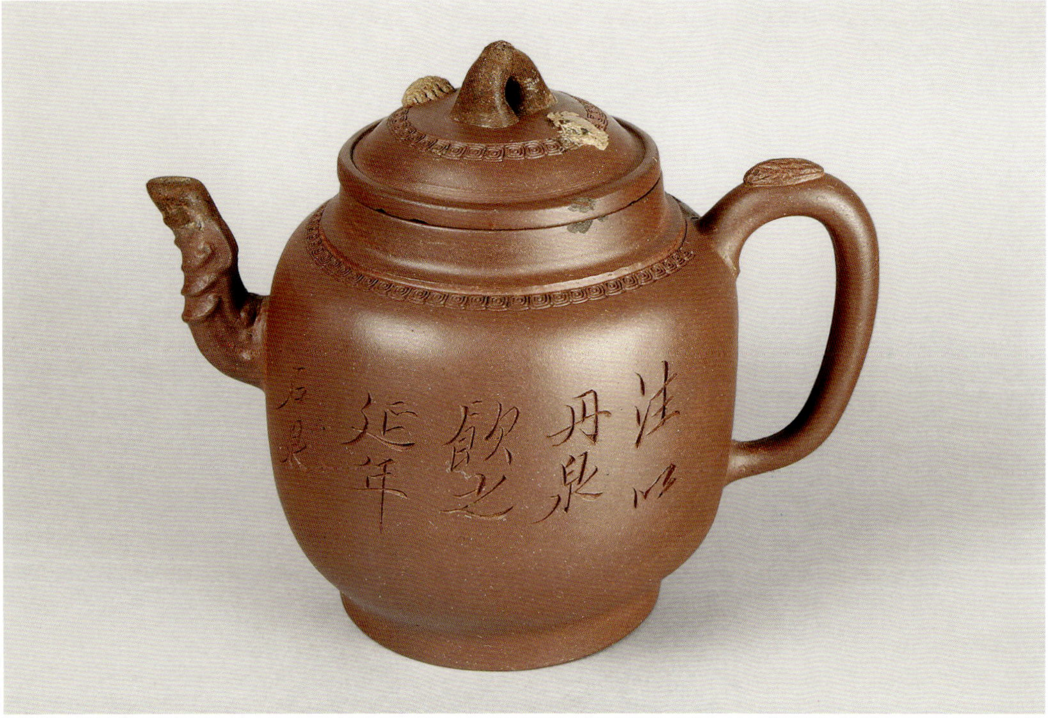

盖款

此壶造型奇特，底部是个印版，内容为：苍龙出水，少见的壶底。把上装饰松果，盖子贴一只螃蟹，提子已损，据考证提子为犼的造型，犼俗称为望天吼，朝天吼，传说是龙王的儿子，有守望习惯。华表柱顶之蹬龙（即朝天吼）对天咆哮，被视为上传天意，下达民情。壶身刻字：注以丹泉，饮之延年 石泉，字体老辣有欧体风范，壶内有一网孔内胆。盖款：彭年，彭年者有黄彭年之说，吾认为缺之根据，应该为杨彭年寄托款。

印款

◉

三兽宫灯壶

年代：清末
高　：12 公分
宽　：16 公分
底款：印款
盖款：彭年
刻字：注以丹泉，
饮之延年。　石泉

◉

赦记紫泥合欢壶

年代：光绪

高 ：6 公分

宽 ：14 公分

底款：阳羡邵莱氏制

盖款：赦记

把款：权寅

底款

盖款

把款

清光绪年间，有大量紫砂器销往日本，为迎合市场摹古的需求，壶上刻字落「子冶」、「曼生」「彭年」；款识多为「杨彭年造」「陈洪绶制」。这些古壶应与真品区分开。

底款

把款

◉

玉乳壶

年代：光绪
高　：6 公分
宽　：13 公分
底款：杨彭年造
把款：彭年

底款

「留佩」 清初年间壶工，史料《阳羡砂壶图考》记述为清初之人。日人奥玄宝《茗壶图录》源流篇：「……又有「姑苏留佩」四字为款识者，未详其谁……」，从传世器中考据，「留佩」者，最早可见有清初特征之砂壶，这是以壶推人的鉴别判断，然「留佩」印款使用时间长久，故「留佩」之托款如「孟臣」、「逸公」等一样不类胜数。

还有就是清末同光年间著名紫砂艺人邵景南，亦号「留佩」，底款常用「姑苏留佩」和「留佩」，邵二泉为刻之字，多为诗句，此壶就是一例。清末东瀛煎茶道盛行，此类壶主要外销日本。

朱泥莲子壶
年代：同治　光绪
高　：6 公分
宽　：11 公分
底款：邵景南制
刻字：能消相如渴，
且移白也情。　留佩

底款

◉

朱泥水平宫灯壶
年代：清末
高 ：5.5 公分
宽 ：11 公分
底款：自有一山川　孟臣

◉

朱泥直嘴宫灯壶
年代：民国
高 ：7 公分
宽 ：15 公分
底款：野鹤闲云伴此身　孟臣

底款

底款

◉

朱泥文旦

年代：清末

高 ：5.5 公分

宽 ：11 公分

底款：阳羡

◉

微型朱泥水平壶

年代：民国

高 ：3 公分

宽 ：5 公分

底款：根记

底款

微型壶是紫砂壶中很少见的一个品类，此类壶往往用料讲究、全手成型且做工精巧，有些还出自名家之手。我认为此类壶是制壶者兴致之至信手所为，存世稀少，值得珍藏。

此壶盖款阳文篆刻印：柏亭，即陈柏亭，清咸丰至光绪年间人。独标一帜，继往开来，书画铭刻，无不追踪前人，而梅桩尤卓绝。其子陈少亭，为民国期间紫砂铭刻的一流名家。1935年，所雕孙中山先生遗像、古佛像等，工技精妙，色像逼真，开宜兴陶塑先河。

此壶底款为阳文篆刻印：自怡轩，关于自怡轩还有一个值得探讨的问题，陈柏亭，清咸丰至光绪年间人。清末的自怡轩是阳文的，多见柏亭款传器，南林，东溪刻字；著名紫砂工艺大师顾景舟先生在40年代用也用自怡轩章做过壶，不过不同的是，顾老的自怡轩章是阴文的，以前笔者见过有把储铭盖款的，底款自怡轩章是阴文的茶壶，顾那时应多用瘦萍、景洲章，有的资料上说沈孝鹿也做过自怡轩底款的壶。

壶身刻有：我爱梨云四个字，此文出处是成语：杏雨梨云，杏花如雨，梨花似云。形容春天景色美丽。明・许自昌《水浒记・冥感》有：「慕虹霓盟心，蹉跎杏雨梨云，致蜂愁蝶昏」的名词佳句。刻字的落款为东溪，东溪即赵松亭，赵松亭（1853-1934），曾用名支泉，艺名东溪。宜兴蜀山川埠上袁村人，清末民初著名紫砂艺人，实业家。此字体刻的落落大方、洒脱自如，是紫砂陶刻的上品。

井栏壶

年代：同治　光绪
高　：8 公分
宽　：18 公分
底款：自怡轩
盖款：柏亭
壶铭：我爱梨云

底款

盖款

笠荫壶典故：

曼生笃信佛教，故喜作佛壶，日常行事，观察入微。某仲夏之晌午，曼生微服出巡，体恤民情，行色匆匆，饥渴难耐，偶遇一山间小店，信步入坐，清茶入口，酷热顿失。邻桌端坐一僧，观其举止，不禁颔首，起身相揖曰：「施主此生有佛缘，阿弥陀佛。」曼生还之以礼，僧人以斗笠赠之，乃飘然而去。曼生愕然，执笠于手，若有所思，乃呼小二，笔墨伺候。

山间小店哪来四宝，小二情急撕账本空页以就之。曼生执笔，依笠而绘，壶随心生，跃然纸上，曼生慨叹佛之无量，惘然无语，感恩所获清凉馈赠，谢佛之赠斗笠，随名笠荫壶。

此壶铭文耐人寻味，意为笠能遮阴去暑，茶能涤渴去烦，静抚心灵，孰轻孰重，连佛也说不清，道不明，还是由把壶之人细细品味其中之奥妙，安享人生之福吧！告诫世人珍惜眼前之人之物，失之不再，重在惜福。

观此壶，形若箬笠，造型简朴端庄。以情造型，浑然交融，故精神倍显，正是精含于内，神见于外。古人云：「人无精神，便如槁木；文无精神，便如死灰。」壶无精神，便为俗器。更可贵者，精神从自然来，惟其自然浑成，妙得造化机杼，方能生气远出，精神迸露，佛家学说蕴含其中。把此紫砂壶而饮，观其色，抚其形，饮其茗，闻其香，思其神，想此亦如沐其情，如临其境，悠悠然令人神往。

观其做壶风格及功力有黄玉麟之风，黄玉麟（1842-1914年），原名玉林，曾用名玉麐。宜兴蜀山人，为清末著名制壶艺人是邵大亨后又一紫砂圣手。南京博物院、故宫博物院有同类藏器，此壶泥料为天青泥，故收录之。

◉

笠荫壶
年代：光绪
高 ：5 公分
宽 ：17 公分
壶铭：石亦可以永年，
圣人在上甘泉呈祥。 方平

把款

杨阿时，清末民国时紫沙艺人，民初宜兴利用陶业股份公司的技师，1915年曾受公司委派同吴云根等到山西省支援：平定平民陶厂，试烧成功并有创新，三年后吴云根等回宜兴，杨阿时去向没有资料可考，其生卒不详。此壶仿清三代邵元祥硬提梁样式，泥料、气韵已有九分之像，如果没有款识就会加大断代的难度。

仿邵元祥硬提梁壶
年代：民国
高　：22 公分
宽　：26 公分
盖款：阿时

赵松亭（1853-1934）：号东溪，他是清末最杰出的紫砂刻陶名家之一，同时又是位造诣很深的书画艺术家。他精刻的紫砂陶艺，集「诗书画印」的金石气和书卷气为一体，在造型和艺术品位上力求完美大气，故而在审美的精神内涵中，颇受文人雅士的钟爱。精善书画，是他制壶工艺得以升华的主要原因。传世松亭的刻陶工艺，无论是文化品位的内涵性，还是刻制水平的精妙程度，无不透视出诗情画意般的艺术神韵。叹服他集「诗书画印」为一身的深层文化内涵和清气绝俗的高超制陶魅力。赏玩后，虽未品味香茗，但已隐隐闻到百年老壶所散发出的阵阵清香，令人心醉而感发思古之幽情。

◉

青灰砂传炉

年代：民国

高　：12 公分

宽　：21 公分

底款：宜兴松亭自造

底款

盖款

盖款

◉

寿珍款汉君壶

年代：民国
高 ：8 公分
宽 ：18 公分
盖款：寿珍
刻字：白鹤园林苦竹丛

程寿珍（1857-1939），别号冰心道人，宜兴上袁村人，是名艺人邵友廷的养子，随父学艺，擅长制作掇球壶等仿古壶式。程寿珍一生勤劳多产，年过七十尚制作不辍，一生所制紫砂壶不计其数，流传民间甚多。程寿珍中晚年仅制掇球、仿鼓、汉扁三种壶式，钤印有「冰心道人」、「八十二老人」等。纵观程寿珍的作品，后期以经典款式为代表的作品虽制作精良但有些匠气，反观其早期作品反倒质朴、古拙。所以我选择一把早期的汉君作为收藏。此壶无论从做工、刻绘、韵味均有独到之处。

底款

盖款

◉

半桃壶

年代：民国
高　：6 公分
宽　：16 公分
底款：冰心道人
盖款：曼生

底款

盖款

石铫提梁壶

年代：民国
高 ： 11公分
宽 ： 10公分
盖款：生全

「吴德盛紫砂陶器行」（亦称公司或店），为吴汉文于民国五年（1916年）所设。店址选在宜兴县城蛟桥边堍。早期用印为「吴德盛」阳文篆书小方章，底盖并用。稍后用印为阳文篆书大方章「吴德盛制」。中期用印为大圆章阳文篆书为「吴德盛制」、「宜兴吴德盛制」。至二十年代后期，店主吴汉文创立「吴德盛」店号著名商标「金鼎商标」。「金鼎商标」印款中央以鼎为图案，四角为阳文楷书「金鼎商标」，为「吴德盛」店号订壶专用印款。后期吴汉文亦以阳文楷书方章「松鹤轩」钤于精制之壶。「吴德盛」、「金鼎商标」印款钤壶底，盖把一般有制壶者小方章印款。当时专门为吴德盛制作紫砂茗壶的有岩如、储银兰、王熙臣、冯桂林等，专门为吴德盛铭刻的艺人有任淦庭，经常订制坯件的有俞国良、程寿珍、朱可心、汪宝根、吴云根、王寅春等。在民国十四年（1925年），吴汉文又在上海开设「吴德盛」分号，主要销售紫砂制品。吴汉文自己制的茗壶早期亦用「吴德盛」款。抗战爆发后「吴德盛」倒闭，「吴德盛」及「金鼎商标」印款沿用至1939年底。

底款

段泥梅春壶

年代：民国

高　：20 公分

宽　：13 公分

底款：利永公司出品

盖款：凯长

朱可心（1904-1986年）出生与宜兴蜀山镇。原名朱凯长，艺名「可心」，建国初七大老艺人之一。1913年，宜兴芳桥人周文伯在蜀山创办「利用陶业公司」；1921年，周文伯将公司交由邵惠如儿子邵咏棠管理，改名「利永公司」并在上海城隍庙设店，同年开办「利永陶业传习所」。

盖款

双色木瓜壶
年代：民国
高 ：13公分
宽 ：19公分
盖款：云根

吴云根（1892-1969年），又名吴芝莱。14岁向汪春荣（生义）学习制陶技艺，与汪宝根、朱可心为师兄弟。1915年，由江苏宜兴利用陶器公司介绍，去山西省平定县平民陶器工厂人技师，历时三年，此间不仅传授紫砂陶的成型技术，还利用炭釉炉试验烧成的炉均紫砂彩釉陶，成为近代宜兴陶艺界向外传播紫砂技艺的杰出代表之一。

这是一把双色紫砂壶，木瓜形的壶体表面涂以段泥，而盖流把均为紫红泥。此壶造型生动，工艺高超，流把均做树桩状，盖钮为木瓜叶三层叠加而成，立体感强，令人叫绝。

食德饮和

「饮和」语本《庄子·则阳》：「故或不言而饮人以和」。「食德」语出《周易·讼》「六三，食旧德」。「食德饮和」的意思是：「给人吃(喝)后感觉到自在、享受和乐，享受到先人的德泽」。

「食」是民生之本，是人们必不可少的生存之道，民以食为天的重要性不言而喻。

「德」是中国哲学范畴，指具体事物从「道」所得的特殊规律或特殊性质，对于「道」的认识修养有得于己，亦称为「德」。

这里所讲的「食德」是比喻饮食虽重要，但德比饮食更重要。《论语·卫灵公》：「君子谋道不谋食。」可见：道之尊，德之贵。

「饮和」是比喻饮食经过胃肠通畅和顺、卫生、健康。吃饭饮水、消化吸收是人生固有的本能，如不慎吃了不洁净的饮食，胃肠就会不和，甚至疼痛，就谈不上饮和。

平平常常的饮食生活都得讲德求和，而洁净的饮食更需要高尚的道德来维护。

所以，讲德求和就像人的饮食一样日日不可缺，处处不能无，何况在社会生活秩序的方方面面呢？因此，德是和的前提，和是德的结果。

邵宝琴（1906-1978年），宜兴蜀山人，15岁起跟随着名艺人俞国良学艺。俞国良见邵宝琴殷勤老实，刻苦踏实，且虚心好学，便毫无保留地将技艺传于邵宝琴，使邵宝琴既打下坚实基本功，又学到一手制壶技艺。技艺成后，邵宝琴一直跟随俞国良做下手，一边学艺，一边继续提高，直至成家立业。三〇年代中期之后，邵宝琴以狮球、传炉、周盘、柿子等崭露头角。俞国良亲自叫宜兴书法篆刻名家镌刻「锡山俞传」之印款，赠于邵宝琴，以资鼓励。此段时期内，邵宝琴所用印款底款为「锡山俞传」，盖印为「宝琴」。邵宝琴制壶用泥较为讲究，造型圆方，筋纹均有，体态灵秀，壶体一般以中型壶为主。其狮球端正清盈，精工细作，棱角分明，匀称协调，周盘、为邵宝琴代表作之一。此壶制作于民国二十九年即1940年。

1992年版的《丁蜀镇志》，在第三章，第一节中载有：「民国二十二年，丁蜀地区（中共）地下党已有秦汉云、谢登明、鲍文新、鲍月华、崔毓桐等四十名党员，成立了中共丁蜀区委……。」壶上的鲍月华与《丁蜀镇志》记载的是否是同一人，是此壶留给我们的又一历史迷案。

◉

周盘
年代： 1940 年
高 ： 8.5 公分
宽 ： 19 公分
底款： 锡山俞传
盖款： 宝琴

底款

盖款

紫砂雅器

原矿本山芝麻段泥矿标为青灰色，偶伴有少量铁锈般的黄色，为铁质氧化所致，截断面细腻且有一定的油性，结构较松，烧成温度高，烧结温度、制作工艺如果把握不好容易发生吐黑现象；由于块状段泥的含砂量大，拉结强度低，用之制壶，烧制时容易开裂，因此成型温度控制比较关键，成品相对比较珍贵。其实泥料无等，喜好一心而已。

天然段泥，砂粒丰富，共生矿中紫泥偏多，颜色就偏红，高温下偏青，偏灰，相反绿泥成分高，烧成颜色偏黄，高温下偏灰白。颗粒结构的特征是「骨多肉少」砂感强烈，表面质感十分丰富。有资料提到本山芝麻段在不同烧结温度下呈现不同的质感和色泽。当烧成温度到1120度时，外观呈现偏白色，当温度烧到1140度时，它的颜色为白里带黄，当温度烧到1160度时，它的外观呈白里返青色，带有芝麻星点，那就是铁的成分涌现出来了。所以最好的温度就是烧到有点返青是最到位的。

古渡乌泥茶叶罐
年代：康熙
高 ：16公分

所谓调砂，就是在练生泥时加入了一定比例或粗或细的熟（或半熟）砂粒，泥料和所调之砂必须均匀得当，烧成后感官才能饱满均匀。表面质感也强，罐子内部在外面光线较弱的情况下，用光照进罐内有如晴朗夜空之繁星闪烁，甚是美丽。

紫泥调砂橄榄罐

年代：康熙

高　：16 公分

◉

紫泥贴花茶叶罐
年代： 康熙
高 ： 14 公分

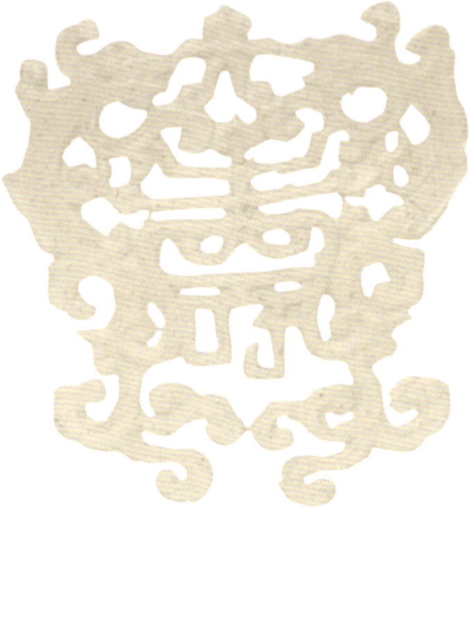

茶叶罐型制为四方抽角，圆口平肩，底足圆润。堆泥是紫砂装饰的特殊手法，一层层泥浆堆绘达到浮雕效果，宫廷器常见装饰手法，作者须具有书法绘画、贴塑的艺术功底，才能取得良好的艺术效果，罐上堆绘黑泥，山峦叠起，远山飞舟，景色宜人，意境俱佳，装饰性强，类似青花瓷绘。这些出自诸家名手、风格各异，却是民间佳作。技法上吸取田黄石薄意雕手法，它具有绘画与浮雕双重艺术效果。泥绘装饰采用中国画展开构图、油画、堆雕的立体感，图案工艺装饰性。它的难点在用壶泥的本色上，追求可视意象，意境，予人于回甘。可以品赏，可以思考，可用放大镜仔细观察、品茶之际观赏交流，泥绘图景必须紧贴造型气质与神韵、起到锦上添花的作用，平中求奇、不浮华、而有层次感。早期以本色泥堆画、雕琢。尔后以白泥居多。以泥装饰，黑堆泥茶壶已是罕见，黑堆泥茶叶罐所知者仅此一件。壬辰年回购于日本。

黑堆泥茶叶罐
年代：乾隆
高　：13 公分
宽　：11 公分

此罐小巧可人，通身绿釉。紫砂茶叶罐不在少数，民间多不见其盖，子母盖俱全者少之又少。

清中绿釉紫砂罐
年代：乾隆
高　：14 公分

底款

◉

粉彩通景山水紫砂茶叶罐

年代：乾隆
高　：16 公分
宽　：14 公分
底款：王南林造

盖款

五妙欲也称妙五欲，五欲供，分别为色、声、香、味、触五种外物的功能或其对眼、耳、臭、舌、身府起的作用，以五妙欲供养神佛分别由铜镜、琴、海螺中的香水、果实和绫罗为代表物。藏传佛教认为这五种外物的功能有不同的合意。

就佛法而言，我们所看到的花，是以眼睛所见到的东西，因此它代表一切色尘；海螺则代表耳朵听到的所有声音；香是用鼻子来闻；食物味道是可以品尝的；身体的涂香是触觉。也就是「色、声、香、味、触」觉，包含了我们在世界上所觉知、所拥有的一切事物。惠逸公制贴花紫砂盖碗——此碗碗身为五福捧寿图，盖上贴花为佛宝图案，为康熙年供奉、礼佛之法器。

紫泥贴花盖碗

年代：康熙

高　：10 公分

宽　：13 公分

盖款：逸公制作

●

福寿盖碗

年代：康熙
高 ：8 公分
宽 ：10 公分
盖款：寿
底款：徐德昌制

底款

盖款

本器的铭文是一茶诗联句。现略加诠释：

「琴将秋水弹明月」，将：扶持。《诗经•小雅》：「无将大车，只自尘兮」。面对秋水明月抚琴弹奏，「茶得春水试白云」。得：得到、获得。沏泡来自春山的茗茶而对蓝天白云试饮香茗。试想在秋水、春山、明月、白云情景下，一边抚琴弹奏，一边品茗试茶，这是何等的高雅！完全符合茶道「清、和、俭、静」的要求。此铭题于盖碗上因切茶切情，合乎茶道，品谈之余，令人心旷神怡，不亦乐乎！

◉

秋山刻字盖碗

年代：同治　光绪

高　：7 公分

宽　：11.5 公分

刻款：茶得春水试白云

底款

◉

绍荣款朱泥杯

年代：康熙

高　：3.5 公分

宽　：6 公分

底款：绍荣

此杯制于康熙，工艺精湛，紫砂杯中难得一见之精品。邵荣传器甚少，紫云阁幸藏。

◉

绍荣款紫泥杯

年代： 康熙

高 ： 3.5 公分

宽 ： 6 公分

底款： 绍荣

多宝紫砂杯
年代：雍正
高 ：3 公分
宽 ：5.5 公分
底款：萧

底款一萧字，刚拿到不得其解，是制作者的名姓还是定做者的？某年拜访扬州同好看到一壶底，方圆款：萧绍明，圆款萧字和此杯如出一印，方才醒悟。此杯是清初紫砂名手萧绍明所制，萧绍明所制花盆皆精工，紫砂壶、杯者所见了了。

底款

◉

朱泥茶杯

年代：乾隆

高　：3 公分

宽　：5 公分

底款

◉

紫泥茶杯

年代：乾隆

高　：3.5 公分

宽　：6 公分

段泥海棠杯
年代：乾隆
高 ：3.5 公分
宽 ：8 公分

紫砂的可塑性、装饰性、实用性在此杯上体现面面俱到。段泥金黄可人，做成海棠型有其他材质无法比拟的特性。海棠叶贴花做装饰更添活泼，叶干做杯柄。整个杯子充满自然情趣，即可使用又可把玩、欣赏，属于紫砂艺术品之佳作。

◉

蓝白彩茶杯一对
年代：道光
高 ：6公分

紫砂胎体上以蓝白两色釉绘成花蝶图，杯内施白釉，鱼籽纹开片均匀有典型道光时期特征。此类杯子器型规整，做工精良，或为官宦大户人家定制之物。

◉

石泉刻款杯子

年代： 道光

高　： 8 公分

宽　： 6.5 公分

刻款： 客居摊饭余，小汲烹清茗。

味此一自甘，夹解宿醒醒。　石泉

◉

菊瓣式贴花食盒

年代：雍正

高 ： 6公分

宽 ： 21公分

此件器物是件不折不扣的残器，为什么把它拿出来与大家分享？是因为它的一些特殊性及资料性。器物本身由24瓣菊瓣纹构成，器物规整做工精细而不失其气势。特别是贴花十分特殊，说它特殊第一是纹饰特殊，器身三处贴菊花图案，这个不同平时所见贴花纹饰。第二贴花用本色泥料而且十分厚重。与本书藏品「菊瓣如意三足壶」有异曲同工之妙。观其口线有子母口，猜想其上部有盖。国内外资料中尚未见到相同样式。通身被漆料覆盖，致使夹缝清洗不够彻底，虽有遗憾但想到也许这样才逃过历史上的劫难，心中的遗憾不免释然。

◉

清中绞泥文碗
年代：嘉庆 道光
高 ： 6 公分
宽 ： 16 公分

此碗葵口型，宝石蓝釉底，四面开窗，每个开窗内有两匹可爱的小马，构成一幅八骏图。

八骏图赏碗
年代：嘉庆 道光
高 ：6 公分
宽 ：18 公分

王成璐，1794-？。江夏（湖北武昌）人。字佩湘，号廉普。斋堂为敬爱堂。嘉庆戊寅贡士。道光癸未翰林，善治印。

朱汝珍《词林辑略》卷六说：王成璐，字莲圃，湖北江夏人。光绪《重修安徽通志》卷一四一《职官志》引《桐城县志》说：王成璐，字廉普，湖北江夏人。进士。由庶吉士改知县。道光十五年，任桐城。以兴文教培人才为务。捐廉课士，劝学勤恳。地方利弊，咨询父老，故能洞悉民隐。历霍山、南陵、宣城，皆有政声。至贵州布政使。据周绍良先生考证，王廉普生平制墨多种，《蓄墨小言》里有一笏是他监制做给同年杜受田的芝农书画墨，还有一笏是做给乡前辈乔用迁的见斋书画墨。周先生查得王廉普自制墨拓本另钤篆文方印「天壤王郎」、「翰林改官」，说「颇深萍踪寄迹、宦情潦倒之感，似有不胜言者之意」，足见王郎确是散淡雅人，合该写得出那么缠绵的杨花曲艳词。

◉

廉普刻字文碗

年代：道光
高　：7 公分
宽　：19 公分
刻款：陈几堆宴，地产水产，
　　　错杂金盘，交辉玉盏。　廉普

历代的文人墨客都喜欢把菊花作为歌咏描绘的对象，形成了独特的菊文化。这不仅因为它高洁、韵逸，而且色彩缤纷，形质兼美，更由于它开放在深秋季节，傲霜挺立，凌寒不凋，因此被诗人誉为「花中君子」。用它来象征坚贞不屈的意志和坚定顽强的斗争精神，「寒花开已尽，菊蕊独盈枝」，「凌霜留晚节，殿岁夺春华」，这就是菊最可贵的地方。古画里就有「梅、兰、菊、竹」四条屏。不少诗词把菊花人格化，当做安于贫穷、不慕荣华、有骨气的人的象征。「黄花晚节香」，就是古人用菊象征人的品质的高洁。菊花是十分常见的装饰题材之一，或绘于香炉上，或勾勒于花瓶上，或画在盘子中，或繁或简，寥寥几笔，生动地再现了菊花凌寒傲霜的品质，甚至还在菊花图案旁题有「三秋色更佳」之类的诗句，诗与图相互映衬，成为广大收藏爱好者痴迷追求的题材之一。除了单纯绘画菊花外，德化的瓷工艺人还经常在菊花图案之上，画龙点睛般地配上蝴蝶，动静配合，赋予了极具吉祥意义的良好祝愿——「探花」，成了莘莘学子喜爱的图案之一。

●

彭年菊瓣碗

年代：道光
高　：5 公分
宽　：11 公分
款　：九月东篱菊，
三秋色更佳。　彭年

宋代陈直《寿亲养老新书》认为人生的十大乐事为：谈义理字，书法帖字，澄心静坐，益友清谈，小酌半醺，浇花种竹，听琴玩鹤，焚香煎茶，登城观山，寓意奕棋。现在快节奏的生活与古时大有不同，达不到古人的生活情趣；有时也要放慢生活节奏，三五知己品茶论道、谈古论今，喜欢玩壶喝茶的人实在是多福多乐之人。

竹山刻字文碗

年代：嘉庆　道光

高　：5 公分

宽　：11.5 公分

刻款：澄心静坐，益友清谈。　竹山

此碗落款有：阳羡南林主人摹《荆南萃古编》字样，周愁琦、刘瀚合编的刊布于光绪二十年（1894）的《荆南萃古编》，前册部分内容所收为三代青铜器铭文。有器形图，有尺寸说明，有释文，有考证文字。作者在序中云：余旅居宜都，幼从杨星吾先生游，授以金石之学。《凡例》中曾言及此书体例：錞钟鼎洗各器，仿《宣和博古图》式，精绘形模，备摹款识，略附考证于后。此书刊刻精美，收荆南七家所藏古物，一一列出。可见清末民国紫砂艺人在紫砂上刻画的金石文字、秦砖汉瓦的图文、素材除了《金石索》外又增加一本《荆南萃古编》。

民国文碗
年代：民国
高　：7 公分
宽　：20 公分

紫砂陶是用紫砂泥、红泥或段泥等制成的质地较坚硬的陶制品，外观颜色有栗色、米黄、朱砂紫、墨绿等，技艺精巧，色泽朴雅，富有民族特色。紫砂陶多用于制作茶壶，也用于制造其他器物，鼻烟壶便是其中之一。

自清康熙、雍正时期，人们非常喜爱紫砂器，于是紫砂鼻烟壶的生产量日益增多。当时许多紫砂名手不光制茶壶，也制作紫砂鼻烟壶等。他们的作品造型秀美，画工、刻工文雅古朴，文化气息很浓。

紫砂鼻烟壶可分为四种。一种是素壶，上面不施釉，也不雕刻诗文图画。这种壶主要是以其优美的几何形态和自然的紫砂色泽取胜。第二种是在素面上雕有诗文或小图案的鼻烟壶，这类鼻烟壶极富文化色彩。第三种是色泥堆绘鼻烟壶。这种鼻烟壶通体紫红或深赭，纹色淡雅，画工精细，米粒大小的人物依然可见五官和表情。堆绘要求泥浆必须研磨得与墨汁一样细润，水加多了堆不成纹理，水放少了则泥浆浓稠无法使用。这类鼻烟壶的制作者必须具有书法、绘画、贴塑等多方面的艺术造诣，否则就很难让鼻烟壶呈现良好的艺术效果。第四种是紫砂挂釉鼻烟壶。这类鼻烟壶是先制成紫砂胎，再在紫砂胎上加釉进行彩绘，然后入炉低温烧制而成的。有的通体挂釉，有的局部挂釉。

吾所见紫砂鼻烟壶，康熙雍正所制鼻烟壶甚少，乾隆以后比较多见，乾隆时期描金、堆泥（本色、黑堆泥）是紫砂鼻烟壶里档次较高的，国外鼻烟壶收藏大家叫做GEORGE BLOCH有场拍卖其中一只紫砂胎描金鼻烟壶作为封面与封底，可见藏家对此件紫砂鼻烟壶的钟爱。其次是粉彩、点彩，蓝白彩的紫砂胎鼻烟壶，仿生紫砂鼻烟壶多在清末民国出现。鉴定紫砂鼻烟壶的优良我认为应从以下几方面评价：

一、泥料－紫砂鼻烟壶的泥料一定要精、纯，烧制出来的烟壶经过把玩才会有珠玉般的效果。二、工艺－工艺越复杂，特别是一些宫廷工艺及当今失传的一些工艺更增加了它的稀缺性，同时也就越有收藏价值。三、造型－紫砂鼻烟壶的造型以腰圆型及宝月型较常见，特殊造型如：葫芦形、青铜器造型及巧妙的仿生造型更为特殊。真品紫砂鼻烟壶的圈足修胎十分讲究，规整且薄边，仿品紫砂烟壶一般圈足较厚。四、品相－品相完整，没有脱金、伤色，如带原盖收藏价值更高。鼻烟壶收藏过程中要注意和一般的小药瓶加以区分。

鼻烟壶在清三代是皇室乃至王公贵族的钟爱之物，鼻烟壶也是高档的奢侈品，乾隆后期随着海外输入的增加鼻烟壶才逐步走向民间。在西方有庞大的鼻烟壶收藏组织－中国鼻烟壶协会，历史悠久。他们对鼻烟壶有很深刻的研究，全世界重要的鼻烟壶专著及收藏，大部分都是在国外。对于鼻烟壶的生产之地的我们对它们的学习研究还有很长的路要走。

◉

粉彩腰圆鼻烟壶
年代：乾隆
高 ：8公分

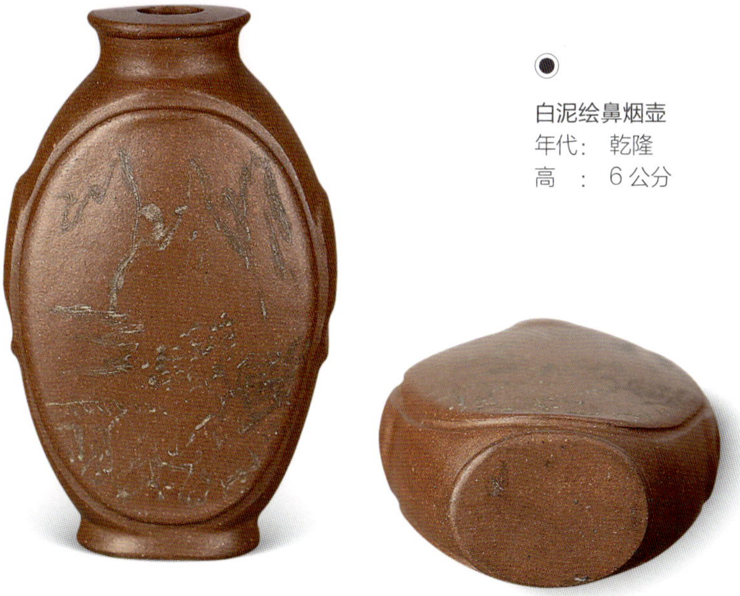

◉

白泥绘鼻烟壶
年代：乾隆
高 ：6公分

◉

蓝彩宝月鼻烟壶
年代： 道光
高 ： 6 公分
宽 ： 5.5 公分

●

珐琅彩鼻烟壶

年代：道光

高 ：6 公分

宽 ：4.5 公分

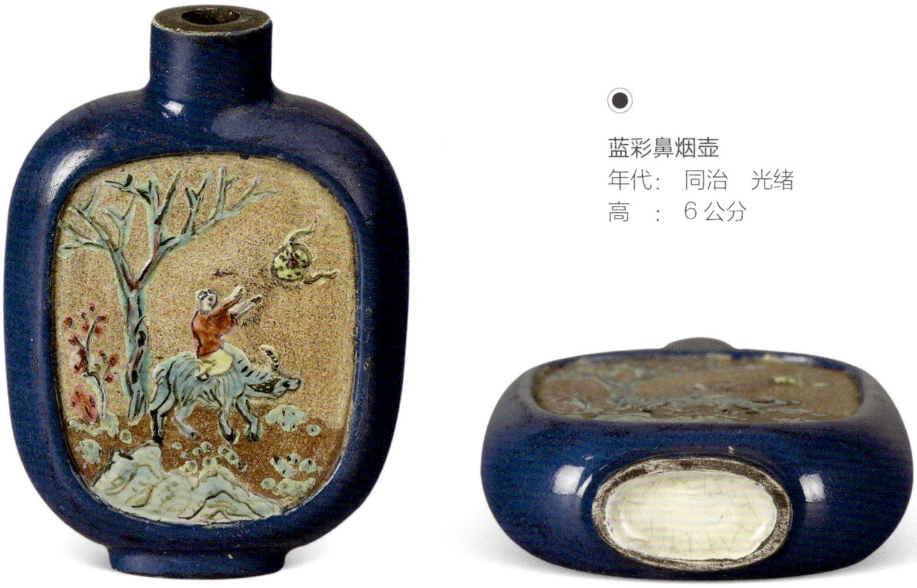

◉

蓝彩鼻烟壶
年代： 同治 光绪
高 ： 6 公分

◉

紫泥瓜棱鼻烟壶
年代： 光绪
高 ： 3.5 公分

◉

紫泥田螺鼻烟壶
年代：民国
高 ：3公分

紫砂药瓶

绞泥技术始于唐代，原产地主要在山西、河南和陕西一带，它是用白、褐两色(或多色)泥料相间揉合在一起，然后按需要切成泥片贴于制成的器物之上，或全器利用绞泥成型，再施釉烧成呈绞纹的器物。绞泥技术成型异常艰难，但能工巧匠可以自如地按泥料绞合，因为方式的不尽相同，造就了各种变幻的锦绣花纹，至今受到人们的喜爱。到明代，瓷器绞泥几乎绝迹、失传。然而，这种濒临失传的瓷器绞泥技术，在宜兴的紫砂中重放异彩，且技艺娴熟一直沿用至今。绞泥的审美在于用人工的技术达到自然的效果，此绞泥砚屏用双色泥料达到如云如烟、如梦如幻或如峰峦叠嶂或如江浪奔涌的效果给人无穷的想象空间，达到天人合一的艺术效果并多了一些文房情趣。

绞泥插屏
年代：嘉庆　道光
高　：35公分
宽　：22公分

紫雲閣
辛卯年

方形笔筒，段泥为底，四面开窗。用橘红色、白色、青绿色、黑色等彩泥堆绘，各面分别绘有芙蓉锦鸡图、双鹅图。画面构图均有自然气息与文人趣味，是宫廷陈设书房实用佳器。

彩泥绘笔筒
年代：乾隆
高 ：15 公分
宽 ：13 公分

博古杂宝类的图案也极为常见，博古纹主要有插花花瓶、古董、琴、棋、书、画、文房四宝等器物，杂宝纹则主要是如珠、钱、方胜、如意、灵芝、元宝、珊瑚等古代一些常用的吉祥物品。唐宋八大家之一曾巩有《简翁都官》诗云：「自有文章真杞梓，不须彫琢是璠璵。」

蓝彩笔筒
年代：嘉庆　道光
高　：12.5 公分
字款：自文章真梓

该笔筒用泥讲究为本山绿泥，筒身采用浮雕技法刻一株老树，数枝梅花，竞相开放，但虬劲之姿极为生动。笔筒着刀洗练，构思的精巧及简练劲健的做工，生动地展现了梅花凌霜傲雪的风姿，且不失古朴娴雅之美，观之弥足动人，是件难得的案头玩赏精品。此笔筒做工精湛，技艺高超，形态栩栩如生，虽无制作者名款，但制作在当时能达到这种境界确非一般艺人所为。

苏州博物馆有类似笔筒，上刻：轻烟佳月夕阳微雪乙未夏日 少云制。

梅桩笔筒
年代：民国
长　：10 公分
宽　：10 公分

底款

「小器大样」是古玩行里评价一件器物的通俗说法。所谓「小器」，往往是指适合手头把玩的小玩意儿，而「大样」则指物件虽小但气度不凡。这样的器物，其器型往往是从大器化身而来，虽小巧精致，却不失庄严大气。此件文玩雅器虽不大，高约6公分，但是做工精巧，紫泥胎质以黑泥装饰腹部并以回纹装饰，上印蕉叶纹，兽首清晰依稀见描金装饰，最妙腹中一孔可做砚滴，在把玩同时又添实用性。底款：吉安，观其胎土为嘉庆道光时期，此期间行有恒堂制壶多见吉安款，行有恒堂为王府定制器与民国时期安吉款紫砂器有所不同。

仿青铜器砚滴

年代：嘉庆　道光

高　：6公分

底款：吉安

底款

用巧色泥料做成桃形砚滴，桃枝做出水孔，设计巧妙，制作精良可以乱真。即实用又可把玩。

闻记款桃形砚滴

年代：民国
高：4公分
宽：8公分
底款：闻记

申锡 字子贻，清道光-咸丰年间制陶名艺人。善用白泥，清代宜兴壶艺的后起之秀，壶底用款「茶熟香温者帝元」。曾和杨彭年，瞿子冶合作创制作品。其制壶及所制文房具有浓厚的文人气息，乃致清末、民国均有申锡款摹古紫砂器，这些问题需要在收藏过程中加以辨别。

◉

申锡水盂一套

年代：道光

高 ：8公分（连座）

底款：申锡

底款

◉

申锡水盂
年代：清末
高　：6 公分
直径：5 公分
底款：申锡

底款

◉

申锡水盂
年代：清末
高　：2.5 公分
直径：8 公分
底款：申锡

紫砂胎，内挂白釉，外部是天蓝釉上绘喜鹊登梅。宝石蓝釉是嘉庆道光时期比较流行的装饰风格，如常见的宝石蓝釉加喜鹊登梅图案就比较典型，我见过的装饰图案用于茶壶、茶杯、笔筒、花瓶、壁瓶、碗、碟子、水盂、鼻烟壶等不胜枚举。

蓝釉喜鹊登梅水盂
年代：道光
高　：3公分
宽　：8公分

粉彩蝴蝶牡丹图案多见于水仙盆、紫砂壶、九子盘等，以前总笼统的称清末，但是直到见到一个类似图案的水仙盆，底部有明确毛笔记年，道光13年，此类器物的断代有了一个相对可靠的依据即清道光。此器物我理解可以作为文房水盂亦可做花插之器。

粉彩水丞
年代：道光
高　：4公分
宽　：8公分

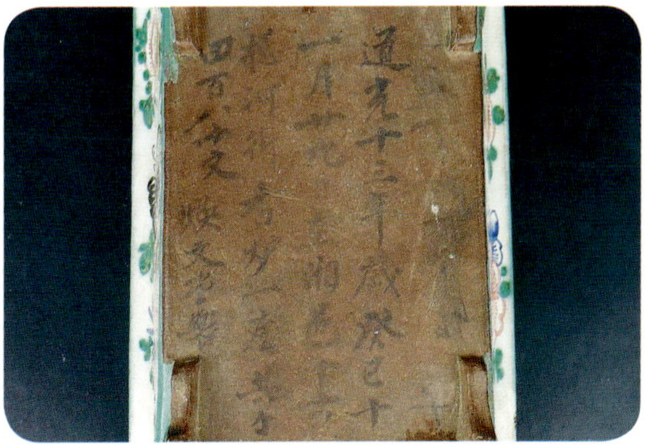

松树葡萄笔舔（一对）
年代：康熙
高　：0.8 公分
宽　：9 公分

笔舔主要用于毛笔蘸墨后，在一似小盘的器物上把笔尖上的墨抹匀，这一似小盘的器物，就是笔舔。这种笔舔器，小的多，大件的少。小的也就寸余，大的有四五寸长。笔舔在清代虽为实用品，但精品已不再实用，多为收藏品用于观赏，属鉴赏品了。笔舔在嘉靖年间与乾隆时期的器形相差不多，基本不是规矩形，而是随形器，有树叶形、荷叶形。

此碟可为文房小器也可为茶杯的杯托。

二泉刻小碟（一对）
年代：道光
高　：2.5 公分
宽　：9.5 公分
刻款：二泉

底款

金士恒，清代光绪年间人。江苏苏州人，一说原籍徐州，另据日本文献载为中国安徽铜山县人，生卒年不详。光绪四年（1878年，日本明治十一年），应日本常滑地区陶工鲤江高须邀请，和宜兴制壶高手吴阿根，同往常滑，传授鲤江方寿、杉江寿门、伊奈长三等三人紫砂「打身筒」制法及陶瓷雕刻装饰技法达半年之久，使得当地的朱泥技术更上一层楼，出现了小型精巧的作品，是日本制作宜兴风的朱泥茶壶之始。金士恒传授的「文人壶」之风，影响至今，被日本艺人誉为「陶业祖师」，为中日文化交流做出了贡献。不排除金士恒在东渡日本的时候带去了部分宜兴紫砂泥料，此砚台材质非一般日本常滑所用泥土而是宜兴紫砂中的朱泥，制作工法也是传统中国紫砂制作工艺，但是装饰风格有明显日式风格，边款：寿门堂制就是金士恒在日本的三个高徒之一的杉江寿门用印。这也许是金士恒利用带去的宜兴紫砂指导杉江寿门制作的作品，成为宜兴紫砂东传的有利证明。

朱泥砚台

年代：光绪

高　：2.8 公分

宽　：8 公分

底款：寿门堂制

盖款

古代道路曲折，交通不便，出门在外平安是福，家报平安是也。

◉

铺砂围棋罐
年代：崇祯 顺治
高 ： 9 公分
宽 ： 16 公分
盖款：家报平安

◉

心经钵
年代：乾隆
高　：8 公分
宽　：14 公分

底款

各大寺院都有紫砂制钵的历史，从清三代一直到民国，打铁画轩款的定制钵十分罕见。

◉

铁画轩心经钵
年代：民国
高　： 8 公分
宽　： 14 公分
底款： 铁画轩制

此炉仿明宣德炉之样式，宣德的命名多以炉耳命名，耳之重要可以见矣，冲耳炉为宣德炉之首型。如今香道盛行，古炉甚受追捧价格也扶摇直上，吾囊中羞涩恐应付不及，幸得一紫砂香炉，可以焚香以做品茗、听琴之伴。

清中香炉
年代：嘉庆　道光
高　：8.5 公分
宽　：12 公分

底款

此炉仿青铜器造型，炉身上刻钟鼎文字，古意昂然。

◉

段泥香炉
高　：　14 公分
宽　：　15 公分
底款：　永盛氏制

壁瓶，为诸多瓶式的一种，以挂于壁面而名，又称「轿瓶」、「挂瓶」。器型为常见花瓶、尊等竖部的一半，靠壁一面平坦有孔，以利于悬挂于墙壁上，做家居装饰之用。据耿宝昌《明清瓷器鉴定》记载，壁瓶造型最早出现在明代万历时期。它可挂在墙上或床内的柱子上，其器型多样，有葫芦式、半圆式、莲花口式、瓜棱式等，尺寸也有大小之分，所绘图案有龙纹、高士、八仙，松竹梅、斗鸡、芦雁、折枝花果、雉鸡牡丹等。对壁瓶的评价，万历十九年的《遵生八笺》一书记载「四时插花，人作花伴，清芬满床，卧之神爽意快，冬夏两可」。可见，当时文人对壁瓶的喜爱。

到了清代，壁瓶更是文人的喜好品。其中有不少诗是对壁瓶的赞美：「蘅皋掇青藻，毡室伴清嘉」；「宿再朝烟与润，山花野卉常新」；「动洁路搴秀，静悬屋盎春」。清宫档案中还有这样记载，乾隆三十年，景德镇御窑厂元旦进贡宫内的贡物中都少不了壁瓶。

清中蓝彩壁瓶（一对）
年代：嘉庆　道光
高　：16 公分

●

清中粉彩壁瓶一只
年代：嘉庆　道光
高　：16 公分

九子盘按字面的意思来讲应该有九件器皿组成的一个盘子。有记载的九子盘的出现应该在清早期，没有固定的材料。例如有玉胎的、漆胎的、木胎的、铜胎的、紫砂胎的等等，最常见的应该是瓷胎的。九子盘的形成有它的历史背景，清朝入关以来国泰民安，人民生活水平的提高，物质精神生活水平也得到相应的提高。九子盘也在这个时候孕育产生，一般为大户人家，在过年过节放瓜果时用的。九在中国的数字里有特殊含义，龙生九子，九州天地，九个单件即可独立又可归为一体有九九归一之意，一般的九子盘也不是实用器带有礼器之意。紫砂胎质九子盘有堆泥的、粉彩、点彩等，图案有山水、花鸟、缠枝莲、八仙等，因一套难得仿制品极多，常有粉彩皮球纹仿制品或成套或单件出售。此套九子盘结缘于新加坡。

清中蓝彩蝴蝶牡丹九子盘

年代：嘉庆　道光

高　：3 公分

直径：40 公分

菊瓣的造型典雅、规整。中间模印菊花图案，从露胎处判断为清早期，四周菊瓣饰蓝釉，同期瓷器釉彩有霁蓝、撒蓝等。此件器物虽小，却蕴含丰富的文物信息。

鸟食罐最早出现在东汉，历经隋唐元明，到了清代，随着养鸟娱乐活动日益盛行，人们的审美标准和欣赏水平不断提高，鸟食罐需求量增加，此时出现了大量的精致鸟食罐。它们造型独特，用料考究，工艺精细，图案精美，极具神韵。

为了满足人们不同需求，出现了成套的鸟食罐，称作「堂」。它们或三件或五件，各有各的用处，圆形缩口的罐是用来盛水的，平口的抹儿是用来给鸟喂食的。一件鸟食罐，浓缩了无限的文化内涵，凝聚了先人的智慧和手艺，鸟食罐已不是简单的「鸟具」，而是具有实用价值和收藏价值的艺术品。

蓝釉菊瓣鸟食罐
年代：清初
高　：2公分
直径：9公分

帽筒为清官员置放顶戴花翎的器物，清末民国后渐成为类似花瓶的装饰器物，常至于厅堂的八仙桌或条案之上，即可装饰也可存放一些东西。此香筒六面均以字画装饰，特别是几处类似竹刻留青雕刻手法在民国刻画中别具一格。

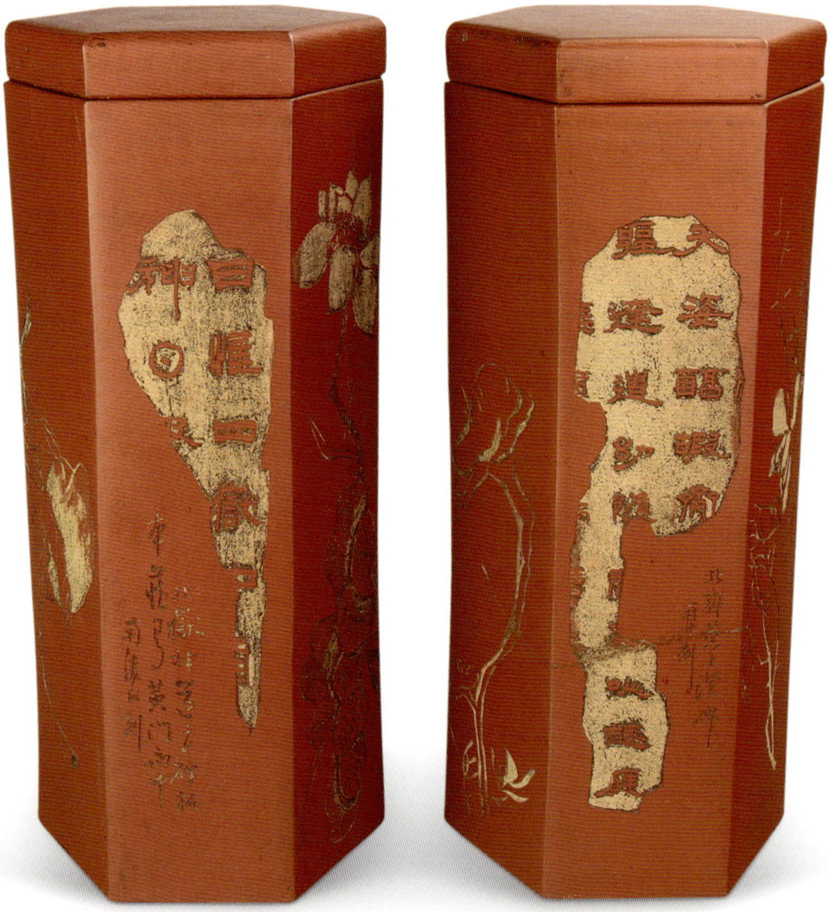

南林刻字香筒
年代：民国
高　：30 公分
直径：12 公分

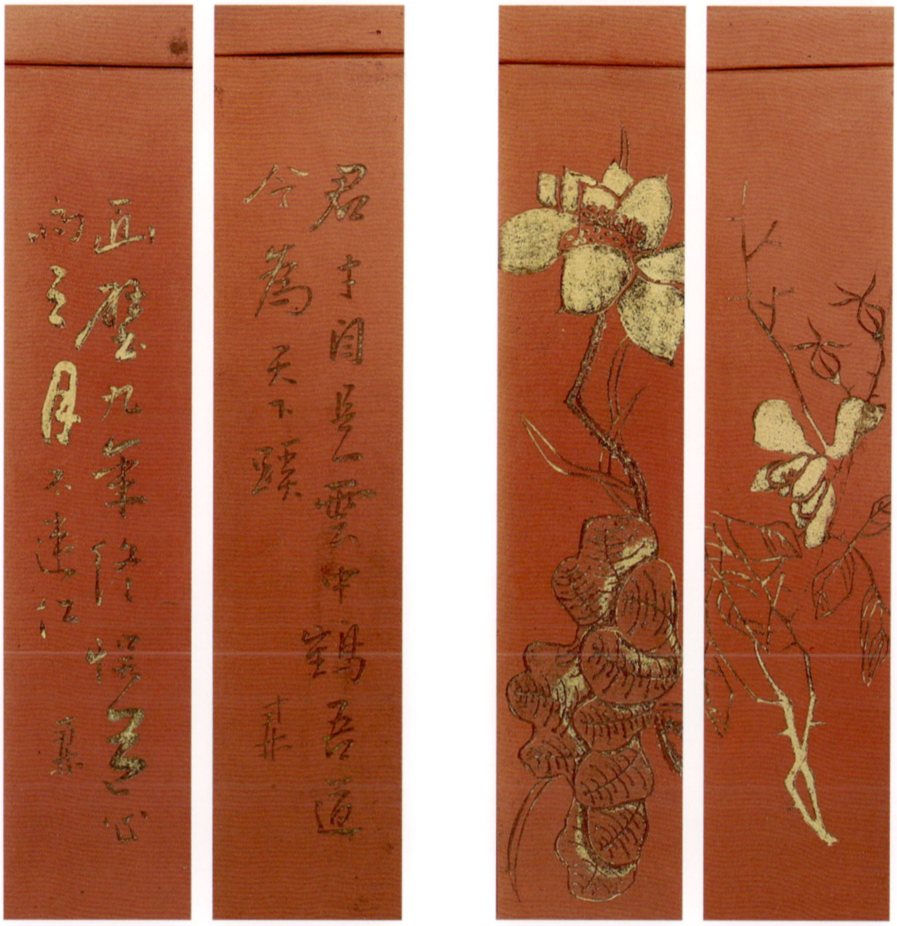

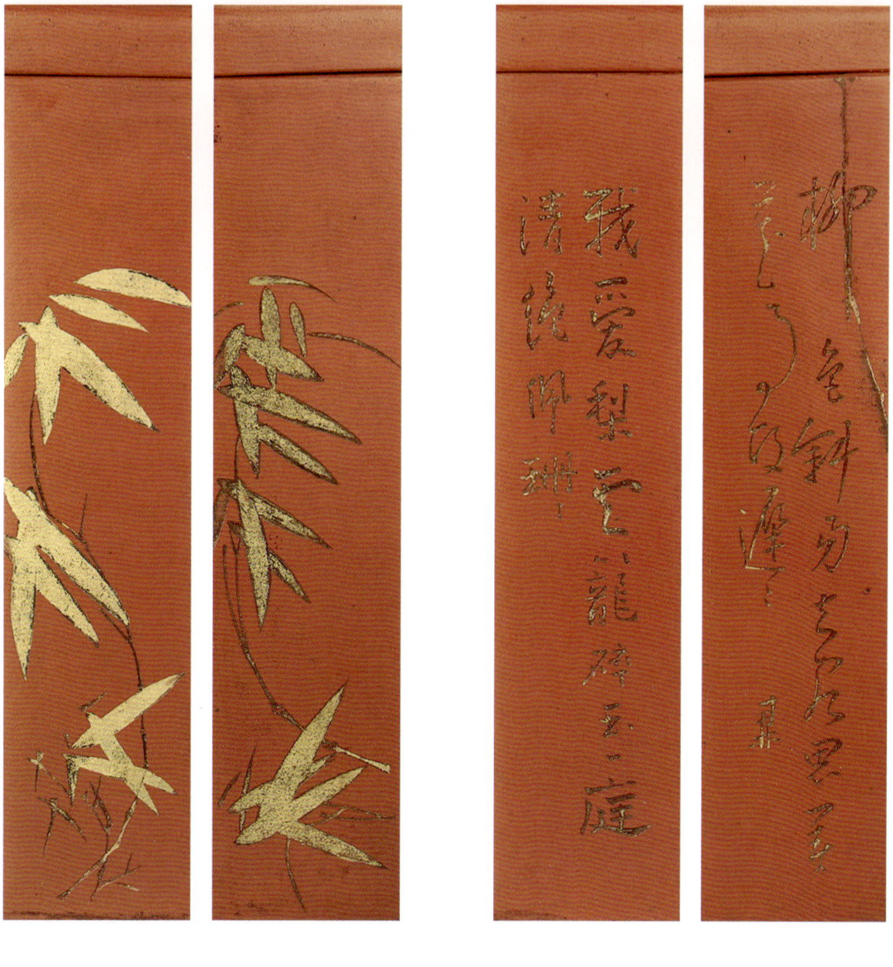

民国初期平定窑生产的紫砂器

民国时的平定紫砂都体现出一贯的风格。

一、素。平定陶器只有红、白两色，有别于宜兴紫砂的多彩缤纷。红泥南北都有，可是在平定工匠手中，被锻炼得油润发紫，宝光可鉴。白泥为南省少见，更成为平定陶器抗衡同列、取得优胜的利器。红白映衬，相得益彰。以白泥壶泡祁门红茶，以红泥瓯啜西湖龙井，个中风味恐怕正是平定陶器独步当时的秘密。平定陶器的造型，多为传统所有，少见当时流行的新奇样式，不过这并不妨碍它的艺术价值。最简单的造型，却最能反映匠人的功力，圆器婉转流畅，方器挺拔劲朗，很好地体现了匠人的造型能力。平定陶器的装饰也崇尚「绘事后素」的审美观，抟泥塑形，略施刀工，绝少堆贴巧染的作风，却将泥土的本色发挥到淋漓尽致。

二、雅。在改良的初期阶段，平民工厂就延聘名师，将宜兴紫砂的优良经验，以及当时社会的审美情趣，赋予到平定陶器中来，从而奠定了平定陶器良好的审美基础。无论器物大小，都有适合的装饰方法，所选装饰题材，很能与器物的功用相契合。受当时好古习气的熏染，平定陶器喜欢用金石古文装点器物，以增加对文人士绅的吸引力。

民国年间，平定紫砂曾在陶瓷界占有一席之地，堪与宜兴紫砂媲美。然而考之文献，对当时平定陶业的记载十分有限，仅有平民工厂的一点消息；证之实物，流传下来的器物也难得一见，因此很难窥探到平定陶器全貌。诸多问题，如陶业衰落的时间和原因，制陶公司的性质和规模，制陶工匠的身份和籍贯有待进一步研究。

文字：岁在丁巳仿梅壑散人笔意小山做，丁巳秋八月石艾小山作。

丁巳年即1917，石艾县：汉为上艾县，后魏改曰石艾，唐又改广阳，故城在今山西平定县东南。此对盘紫砂胎，内挂白釉，边框上篮釉，如不仔细研究其落款很难判断其为平定窑，据记载1915年至1918年平定窑曾邀请紫砂名手吴云根、李宝珍、杨阿时到平定窑指导。当时平定窑吸收了宜兴窑在工艺上的很多经验，比如上釉、刻绘、成型方法等等。在所用胎土上很多应该是紫砂或紫砂和当地陶泥混合烧制，在窑温及烧结上要比同期宜兴窑高很多，平定窑以煤为烧窑燃料，宜兴窑以松柴为燃料。小山应该是民国时期优秀刻绘高手，其很多平定传器上刻绘都非常文气。

查士标（1615—1698），字二瞻，号梅壑散人，懒老。新安（今安徽歙县、休宁）人，流寓江苏扬州。明末生员，家富收藏，故精鉴别，擅画山水，为海阳四家之一。清初著名画家，书法家和诗人。与孙逸、汪无端、僧弘仁等书画家一起被称为「新安四家」。

查士标工诗文、书画，书法师承董其昌，风格俊逸萧散。擅山水，初师倪瓒，后参以米芾、米友仁、黄公望、吴镇、沈周、董其昌等人画法，所画笔墨纵横、粗犷豪逸，或笔法荒率，墨色浓淡干湿互用，秀润高华，或笔墨生峭劲利，画风枯寂生僻。有《云山图》、《空山结屋图》、《秋林远岫图》、《云山烟树图》等传世。著有《种书堂遗稿》等。

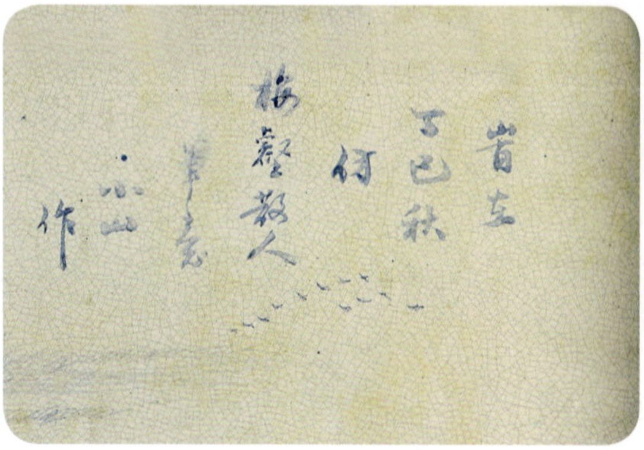

平定文盘（一对）
年代：民国 1917年
高 ：3公分
长 ：27公分
宽 ：20公分

题独孤少府园林

【唐】陆畅

四面青山是四邻，
烟霞成伴草成茵。
年年洞口桃花发，
不记曾经迷几人。

伏翼西洞送夏方庆

【唐】陈羽

洞里春晴花正开，
看花出洞几时回。
殷勤好去武陵客，
莫引世人相逐来。

底款

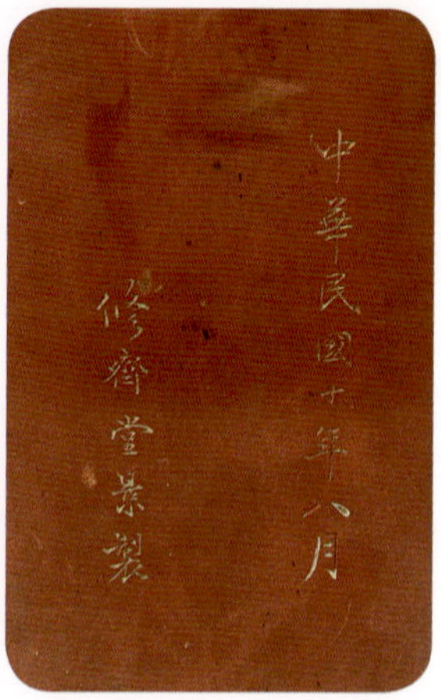

儒臣，见过此款一对八方瓶，体型硕大，做工规整。关于修齐堂查到如下资料不知与此瓶的修齐堂是否有关：

江苏无锡锡山平氏宗谱十四卷，（民国）平伯卿等修，民国十七年（公元1928年）修齐堂木刻活字印本十四册。现被收藏在美国犹他州家谱学会。

●

平定定制花瓶（一对）

年代：　1921年

高　：　50公分

底款：　儒臣

蓝釉水盂
年代：民国
高 ： 7 公分

「春风大雅能容物，秋水文章不染尘」此联乃清朝邓拓自题于书房的楹联，此对联刻画到水盂上即切物又能表达美好的文人心志，1915年至1918年的很多平定窑制品都有很浓郁的文人气息且做工精良，随着对紫砂的深入探讨，这些器物的文化价值会逐渐被收藏家认识。

平定窑水盂
年代：丙辰年（1916 年）
高 ： 4 公分
宽 ： 19 公分
刻字：秋水文章不染尘

北京的张自忠路是平安大街中不长的一段，东起东四北大街，西至交道口南大街，过去这里只是一条较窄的西开东塞的死胡同。明代因为胡同中有一座天春园，园前有一对铁狮子，所以人们把这条胡同叫做铁狮子胡同。天春园位于胡同的西口路南，是明崇祯年间田贵妃的父亲田畹的官邸。那时名姬陈圆圆常被田畹请到园中唱歌起舞，她和吴三桂初次见面就是在这天春园里。《圆圆曲》中是这样描写的，「相见初经田窦家」。吴三桂第一次看见陈圆圆就被她的美色所打动，于是花千金将她买回做了妾。天春园这座府第，几百年来换了许多主人。清康熙年间，这里曾是靖逆侯张勇的宅邸。

《清史稿》张勇列传记载

张勇，字非熊，陕西咸宁人。善骑射，仕明为副将。顺治二年，英亲王阿济格师次九江，勇来降，檄令招抚，得总兵以下七百余人。授游击，隶陕西总督孟乔芳标下。……大学士洪承畴视师湖广，勇请自效，诏奖其忠勤，召诣京师。承畴亦荐勇智勇兼备，所部兵精马足，请移授经略右标总兵，上许之。勇入对，赐冠服、甲胄、弓矢，加右都督。勇移家京师，乞赐宅；子云翥，以廕授陕西卫指挥，乞改隶京卫，并得旨俞允。……十六年，加左都督。十七年，命移镇临元、广西诸处。十八年，迁云南提督。康熙二年，以勇久镇甘肃，威名素著，属番耆服，命还镇甘肃。三年，加太子太保。西喇塔拉饶水草，号大草滩，厄鲁特蒙古乞驻牧於此。勇以其地当要隘，不容逼处，自往谕之，事遂寝。因请筑城其地，曰永固。旁建八寨，相联属为声势。四年，蒙古徙牧近边，请增西宁兵四千五百二十。部议下总督覆覈，上特命允之。十二年，吴三桂反，四川总兵吴之茂叛应之。……请敕许勇便宜。命授靖逆将军，仍领提督，总兵以下听指挥。辅臣招勇，勇斩其使，上嘉之，封靖逆侯。勇遣西宁总兵王进宝率师攻兰州。辅臣将潘瑀攻洮州，曾文耀攻河州，番部乘隙肆掠。勇率兵攻河州，文耀败走。别遣土官杨朝樑攻洮州，自督兵继其后，瑀亦败走。上嘉勇谋略，以其次子云翼为太仆寺卿。

……大学士图海出视师，辅臣降，勇遣兵收平凉、庆阳、巩昌诸属县。诏褒勇功，进一等侯，加少傅兼太子太师。十七年，准噶尔台吉噶尔丹兵入河套，厄鲁特部为所败，假道赴青海，阑入内地，勇驱令出塞。二十一年，入觐。二十二年，以老病乞休，谕留之。二十三年，闻青海蒙古游牧近边城，率兵赴丹山防御，至甘州，病笃。上闻，遣医并其子云翼驰驿往视。寻卒，赠少师仍兼太子太师，赐祭葬，谥襄壮。

子云翼，袭爵，官至江南提督。卒，谥恪定。雍正间，祀勇贤良祠。乾隆三十三年，命以一等侯世袭罔替。四十七年，诏褒勇、良栋、进宝勋绩，尤称勇有古名将风。时勇四世孙承勋袭爵，以散秩大臣旷班，降三等侍卫，命复还散秩大臣。

到了道光末年，有个叫竹溪的人，花了万两银子将天春园买下，然后大加修葺，将其改为「增旧园」，并在园中建筑了八个景点。增旧园虽仅有弹丸之地，但园中景物小巧别致，在北京的宅邸花园中颇有特色。清代诗人吴梅村曾作了一首《田家铁狮歌》，称赞园中的景致：「良工朱火初写成，四顾咨嗟觉神工。……铸就铭词镌日月，天贻神兽守重阍。」1900年八国联军入侵北京后，北京的名园和一些大宅门均被抢劫一空，而增旧园因隐藏在不起眼的铁狮子胡同中，所以才幸免于难。

在铁狮子胡同的尽东头，还有一座王府，即和亲府。北洋政府期间，这里曾作为海军司令部。1924年，直奉战争结束后，海军部改为段祺瑞的「临时执政府」。1946年，为了纪念在抗战中牺牲了国民党军队中职务最高的爱国将领张自忠将军，当时的北平政府决定将张将军生前居住过的铁狮子胡同，改名为张自忠路，从此昔日的铁狮子胡同，又多了一块抗日救国的无形丰碑。1954年，为了拓宽北城的马路，将张自忠路及西边的宽街、皇城根等处全展宽。这样，西起平安里，东达东四十条，形成了一条长约四公里的大马路，即地安门大街，而张自忠路变成了其中的一段。昔日王府宅第都在路北，和亲府现在已是中国人民大学清史所，门前还有一对石狮。而增旧园前的那对铁狮子在1926年被迁移到鼓楼里保存，后被安放在鼓楼正门的两侧。

◉

天春园制段泥蓝彩寿碗（一对）
年代：嘉庆 道光
高 ： 7 公分
宽 ： 16.5 公分
底款：天春园制

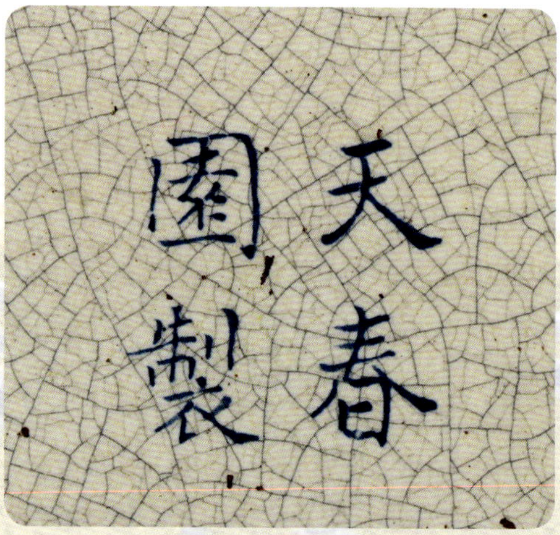
天春
園製

索引目录

紫泥一粒珠 18 - 19

龙蛋壶 20

直嘴莲子壶 21

大龙蛋 22

朱泥文旦壶 23

荆溪康侯款直嘴铺砂大壶 24 - 25

贴花四系背壶 26

四方贴花二龙戏珠壶 27

朱泥狮钮贴花壶 28 - 29

四方菱花壶 30 - 31

珐琅彩贴花狮子壶 32 - 33

松鼠葡萄壶 34 - 35

扇面贴花壶 36

狮钮贴花壶 37

寿桃壶 40 - 41

叙堂款四方金钱钮壶 42

苦节壶 43

葫芦形松鼠葡萄酒壶 45

紫泥酒壶（配盖） 45

粉彩蓝底通景山水酒壶 46 - 47

黑堆泥温酒壶 48 - 49

菊瓣如意三足壶 50 - 51

紫泥菊瓣壶 52

朱泥合菱壶 53

朱泥调砂汉方壶 54 - 55

朱泥将军壶 56

玉带壶 57

紫泥宫灯壶 58 - 59

粉彩莲子壶 60 - 61

粉彩官帽壶 62

绿地粉彩四方壶 63

粉彩软提梁壶 64 - 65

堆泥御制壶 66 - 71

书扁壶（配盖） 72 - 73

印包壶 76 - 79

刻字暖壶座 80 - 81

白泥绘暖座壶 82 - 83

桃形盖碗壶 84

桃形加彩盖碗壶 85

紫泥小宫灯 86

玉扁壶 87

大亨德钟壶 88 - 90

广彩朱泥水平壶 94 - 95

广彩暗八仙梨式水平壶 96

广彩潮汕壶 97

髹漆三友壶 98

莲子壶 99

三镶壶 100

三镶壶 101

如意三镶壶 102

钟式壶 103

三兽壶 104

三元壶 105

紫泥梨式水平壶 107

三兽宫灯壶 108

敖记紫泥合欢壶 109

玉乳壶 110

朱泥莲子壶 111

朱泥水平宫灯壶 112

朱泥直嘴宫灯壶 112

朱泥文旦 113

微型朱泥水平壶 113

井栏壶 114

笠荫壶 115

仿邵元祥硬提梁壶 116 - 117

青灰砂传炉 118

寿珍款汉君壶 119

半桃壶 120

石铫提梁壶 121

段泥梅春壶 122

双色木瓜壶 123

周盘 125

古渡乌泥茶叶罐 132

紫泥调砂橄榄罐 133

紫泥贴花茶叶罐 134 - 135

黑堆泥茶叶罐 136 - 137

清中绿釉紫砂罐 138

粉彩通景山水紫砂茶叶罐 139

紫泥贴花盖碗 140 - 141

福寿盖碗 142

秋山刻字盖碗 143

绍荣款朱泥杯 144

绍荣款紫泥杯 145

多宝紫砂杯 148

朱泥茶杯 149

紫泥茶杯 149

段泥海棠杯 150

蓝白彩茶杯一对 151

石泉刻款杯子 152

菊瓣式贴花食盒 153

清中绞泥文碗 154

八骏图赏碗 155

廉普刻字文碗 156

彭年菊瓣碗 157

竹山刻字文碗 158

民国文碗 159

粉彩腰圆鼻烟壶 160 - 161

白泥绘鼻烟壶 161

蓝彩宝月鼻烟壶 162

珐琅彩鼻烟壶 163

蓝彩鼻烟壶 164

紫泥瓜棱鼻烟壶 164

紫泥田螺鼻烟壶 165

绞泥插屏 166 - 167

彩泥绘笔筒 168 - 169

蓝彩笔筒 170

梅桩笔筒 171

仿青铜器砚滴 172

闻记款桃形砚滴 173

申锡水盂一套 174

申锡水盂 175

申锡水盂 175

蓝釉喜鹊登梅水盂 176

粉彩水丞 177

松树葡萄笔舔（一对） 178

二泉刻小碟（一对） 179

朱泥砚台 180

铺砂围棋罐 181

心经钵 182

铁画轩心经钵 183

清中香炉 184

段泥香炉 185

清中蓝彩壁瓶（一对） 186

清中粉彩壁瓶一只 187

清中蓝彩蝴蝶牡丹九子盘 188

蓝釉菊瓣鸟食罐 189

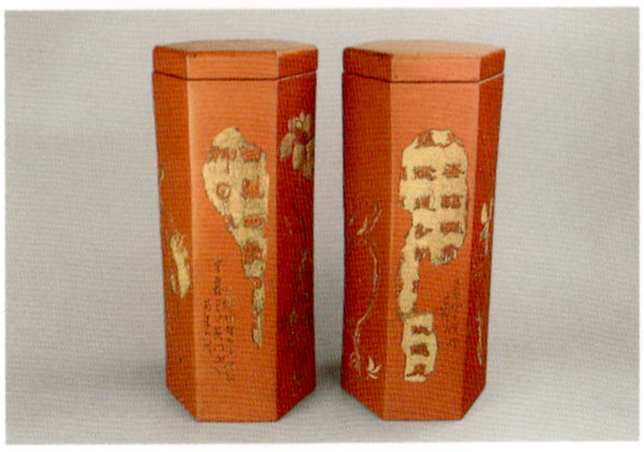

南林刻字香筒 190 - 191

平定文盘（一对） 193

平定定制花瓶（一对） 194 - 195

蓝釉水盂 196

平定窑水盂 195

天春园制段泥篮彩寿碗（一对） 198 - 199

紫砂记事

2009 年 12 月	接受某杂志专访发表《紫韵沉香 — 紫砂藏家王云涛的收藏经》一文
2010 年 12 月	在北京创办紫韵雅集 — 老紫砂爱好者聚会活动
2011 年 6 月	在《北京收藏家通讯》发表文章《从天价拍卖话普通百姓艺术品投资之路》
2011 年 7 月	在《收藏界》杂志发表文章《我爱梨云 —— 一把老紫砂壶的鉴赏》
2012 年 3 月	在《中国收藏》杂志发表文章《喝杯春茶 又一个新开始》
2012 年 4 月	在《北京收藏家通讯》发表文章《首博回望大明文物展一把大彬壶之我见》
2012 年 8 月	参加中央人民广播电台经济之声节目录制
2012 年 9 月	参加中央电视台《一锤定音》节目录制
2013 年 5 月 9 日	做客北京文艺广播的艺海藏家节目，节目话题《紫砂壶玩老还是玩新？》
2013 年 6 月 6 日	做客北京文艺广播的艺海藏家节目，节目话题《紫砂壶玩经典还创新？》
2013 年 8 月	接受某杂志专访《紫韵雅集 — 紫砂壶收藏鉴赏家王云涛谈收藏》
2014 年 5 月 15 日	做客北京文艺广播的艺海藏家节目，节目话题《紫砂壶的选购与使用》
2014 年 6 月 11 日	接受《北京青年报》专访《专家点道 —— 紫砂收藏怎么玩？》

收藏印章

印文：赏

印文：王云涛藏

印文：紫云阁藏

印文：云涛雅玩

印文：紫韵雅集

感恩

收藏是一种缘分，经历过历史长河的古物都是有灵性的，能有幸看到、摸到已是幸运，更何况是拥有。我收藏古壶以来一直觉得自己很幸运，能有这样机缘收藏到紫砂历史长河的一滴水、一朵浪花。有了把自己的收藏集结成册的想法后总是觉得自己的东西还差一些，总是想再多收一点，再多收一件。然而总是不能达到自己的目标，总是觉得还有差距，总是有无尽的目标在前面，自己也总是苦恼不已。有一天我豁然醒悟：纵然自己的这点破烂难登大雅，但是总能代表自己的心路历程，我只是我把这些收藏点滴告诉大家，奉献给世界，便是尽到我一个收藏爱好者的心力了，所以才有了这本不成样子的书。还请各位老师、收藏家、同好不吝赐教，以便我收获更多的知识。

在此书的最后我还是要表达我的感谢：

感谢上天给了我这么好的机会收集到自己喜爱的老紫砂！

感谢我的父母给予的生育、养育之恩，感谢父亲王盛义大人为本书题写书名！

感谢我的爱人李响女士，感谢你在我收藏过程的不停唠叨给我以压力，提醒我收藏过程中要量力而行！

感谢我的紫砂导师张文胜先生及同好崔建新先生、贾良先生、刘淦先生，有你们的陪伴我的收藏之路才走的有声有色！

感谢台湾的紫砂书籍出版前辈黄健亮先生为本书做序！

感谢李诚先生为此书策划、出版工作付出的辛苦努力！

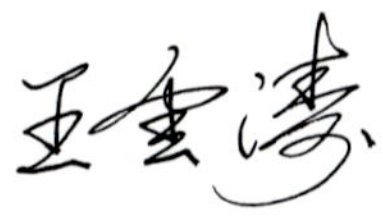

甲午年仲夏于北京紫云阁

紫韻

雅集

图书在版编目(CIP)数据
紫韵雅集：明清紫砂赏鉴 / 王云涛著. -- 北京：
中国友谊出版公司,2014.8
ISBN 978-7-5057-3412-8

Ⅰ. ①紫… Ⅱ. ①王… Ⅲ. ①紫砂陶 – 鉴赏 – 中国 –
明清时代 Ⅳ. ①K876.3
中国版本图书馆CIP数据核字(2014)第155352号

责任编辑 黄志平
书籍设计 郭紫轩
摄　　影 王　晖
艺术指导 蔡　瑭
策　　划 李　诚

书　　名 紫韵雅集：明清紫砂赏鉴
作　　者 王云涛
出　　版 中国友谊出版公司
发　　行 中国友谊出版公司
经　　销 新华书店
印　　刷 北京雅昌艺术印刷有限公司
规　　格 889×1194 毫米　16 开
　　　　 14印张　50千字
版　　次 2014 年 8 月第 1 版
印　　次 2014 年 8 月第 1 次印刷
书　　号 ISBN 978-7-5057-3412-8
定　　价 480.00 元
地　　址 北京市朝阳区西坝河南里 17 号楼
邮　　编 100028
电　　话 (010) 64668676